# 어린이
# 수영 레슨

# 어린이
# 수영 레슨

권이진 지음

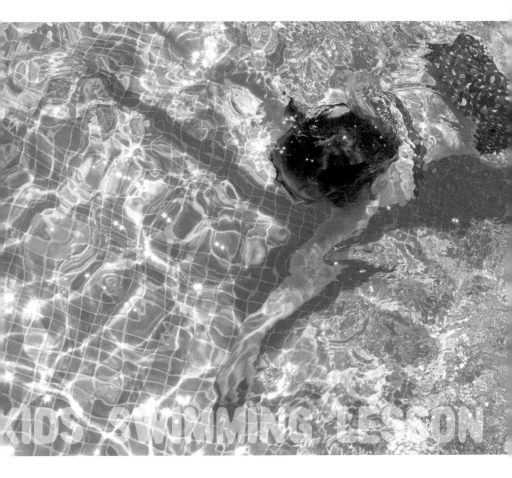

지식공감 도서출판

# C O N T E N T S

# PART 2 부모의 믿음이 아이를 성장시킨다

C O N T E N T S

# PART 3 부모의 올바른 선택이
# 아이의 수영 레슨을 성공으로 이끈다

# C O N T E N T S

# 어린이 수영 레슨을 시작하는 부모들을 위한 책

## 나는 왜 어린이 전문 수영 강사가 되었나

나는 아주 어렸을 때부터 기관지가 좋지 않았다. 그래서 초등학교 3학년 때부터 수영을 시작했다. 이렇게 수영을 하면서 육체적으로 건강해진 것은 물론이고, 정신적으로도 강인한 정신과 인내심을 갖게 되었다. 또한 친구들과 함께 수영하면서 타인을 배려하고 협력하는 따뜻한 마음까지 덤으로 배울 수 있었다. 이렇게 건강을 위해 시작한 수영이 너무 좋아서 여러 수영대회에도 출전했고, 심지어 저 멀리 넘실거리는 시커먼 바다에서 수영하는 것조차 두려움 없이 즐길 정도로 수영은 내 삶의 전부가 되었다.

이렇게 수영으로 건강해지자, 어린 시절 경남 사천 공군 부대 근처에 살면서 아침저녁으로 군대의 나팔 소리를 들으며 키워왔던 여군의 꿈을 실행하기로 마음먹었다. 드디어 2003년, 나는 공군 부사관副士官 N-188기로 입대하여 나의 첫 번째 직업인 '군인'이 되었다. 물론 그 때도 수영은 계속했는데, 군 생활에 큰 도움이 된 것은 두말할 나위도 없었다. 특히, 부사관 훈련 시 장거리 달리기할 때 다른 여자 후보

생들보다 실력이 월등해서 '백령도 고무신'이라는 별명을 얻었는데 모두 수영으로 다져진 근력과 지구력, 폐활량 덕분이었다.

뜻한 바가 있어서 7년간의 군 생활을 접고 중사로 전역한 후 호주로 유학을 떠났다. 그곳에서 영어를 공부했는데 생활비를 벌기 위해서 한국 교민들을 대상으로 본격적으로 수영 강습을 시작했다. 군대에 있는 동안 틈틈이 공부해서 취득했던 수영 관련 자격증이 있었던 데다 수영 레슨은 업무 시간이 자유로워서 공부하면서도 일할 수 있다는 장점이 있었기 때문이다. 그리고 실용영어학과 아동영어학을 전공하면서 어린이에 대해 관심을 갖게 되었다.

호주에서 공부하면서 수영 강사로서 일했던 것이 귀국해서도 이어졌다. 사단법인 국민평생스포츠교육원National Lifelong Sports Center, NLS의 윤현중 이사장님의 제안으로 NLS 전임 수영 강사와 어린이 전용 수영장인 키튼드림센터의 수영 팀장으로 근무하면서 수영 레슨뿐만 아니라 수영을 시작하려는 아이들과 현재 수영을 하고 있는 어린이의 부모님들과의 상담 업무까지 맡게 되었다. 즉, 나의 두 번째 직업인 '어린이 전문 수영 강사'가 되었다.


**어린이 수영에는 뭔가 특별한 것이 있다!**

수영 강사로 활동하면서 많은 부모님들과 상담하고 어린이들을 대상으로 강습하다 보니 어른의 수영과는 다른 어린이 수영만의 뭔가 특별한 점을 느낄 수 있었다. 즉, 매주 수백 명의 어린이들을 만나면서 획일화된 수영 레슨 방법이 모든 아이들에게 적절하지 않다는 생각을 하게 되었던 것이다. 아이들마다 수영 레슨의 진도나 방법이 다 다르기 때문에 다른 아이들과 똑같을 수 없다는 생각이 들었다.

훈련하듯 틀에 박힌 수영 레슨법만으로는 수영이 즐겁고 신나는 운동이라는 것을 아이들에게 느끼게 할 수 없다. 아이들이 수영을 재밌게 느끼려면 수영을 통해 스트레스를 해소하며 편안하고 자연스럽게 헤엄치는 방법을 배울 수 있도록 분위기를 만들어야 한다. 부모와의 상담을 통해 얻은 아이에 대한 정보를 바탕으로 성향에 맞는 대응과 수영 레슨 방법만이 끝까지 수영에 흥미를 잃지 않도록 할 수 있다.

또한 이렇게 어린이 수영 레슨을 가르치면서 나는 특수한 상황에 처한 특수아동을 위한 수영 특수교육에도 관심을 갖게 되었다. 2003년부터 한국뇌성마비복지회를 후원하기 시작해서 어느새 10년을 훌쩍 넘으면서 뇌성마비뿐만 아니라 특수아동과 특수교육에 자연스럽게 관심을 갖게 되었던 것이다. 이것이 계기가 되어 어린이 전문 수영 강사로서 한 발달장애 어린이의 수영 특수교육도 시작하게 되었다.

그리고 많은 부모님들과 상담하면서 느낀 것은 어린이 수영의 필요성이 강조되고 수영이 보편화되었음에도 불구하고 수영을 자신이 직접 배우고 있는 부모가 아닐 경우, 즉 보통의 부모들은 현실적으로 어린이 수영에 대한 정보를 얻기가 쉽지 않다는 것이었다.

기존에 출판된 수영에 관한 책은 대부분 수영을 어떻게 해야 하는지 그 과정을 설명한 '수영 교본' 책이거나 아이들과 물속에서 할 수 있는 재미있는 '놀이'를 소개한 책이 주류를 이루고 있어서 처음 수영을 시작하는 아이를 둔 일반 부모들에게는 도움이 되지 못했다.

아이에게 수영을 가르치고 싶은 부모를 위한 어린이 수영 책이 필요하다는 것을 절감한 필자는 수영장 선택에서부터 어린이 수영용품의 구매는 어떻게 하면 좋은지, 어린이 수영 레슨의 진행은 어떻게 이루어지는지, 수영에 임하는 어린이의 심리 상태 등 수영을 시작하는 어린이들을 둔 부모들이 알아야 할 정보들을 한 권에 담아 어린이 수영에 관한 책을 만들고자 했다.

이 책을 통해서 부모는 아이가 수영을 배우는 전 과정을 이해하고, 수영이 평생 운동으로서 얼마나 중요한지 그 이유도 느끼게 될 것이다. 또한 아이가 수영을 배우면서 느끼는 감정들을 부모도 이해할 수 있게 도와주어 부모들의 마음가짐도 달라지게 될 것이다.

### 『어린이 수영 레슨』은 어떻게 구성되었을까

이 책은 1부 어린이 수영 교육이 필요한 이유, 2부 부모의 믿음이 아이를 성장시킨다, 3부 부모의 올바른 선택이 아이의 수영 레슨을 성공으로 이끈다 등 총 3부와 부록으로 구성되었다.

1부에서는 어린이 수영에 대한 정의에서부터 선진국에서 이루어지고 있는 어린이 수영 교육 현황, 어린이 수영의 중요성과 수영이 어린이 건강에 미치는 영향, 2014년 세월호 사건 이후 2015년부터 학교에서 의무교육이 된 '생존수영'에 대한 상세한 설명까지 어린이 수영 교육이 필요한 이유에 대해서 다루고 있다.

2부에서는 아이에게 수영을 가르치면서 겪는 부모와 아이들의 심리상태 및 갈등 상황을 어린이 수영 레슨 현장에서 상담해온 전문가로서 조언하고 있다. 아이에게 관심을 갖되 눈높이는 낮추어라, 아이의 '평계'에는 다 이유가 있다, 쉽게 빨리 결과를 얻으려는 욕심을 버려라, 부모의 욕심은 아이에게 스트레스다, 배우는 횟수로 아이의 실력을 결정하지 마라, 사소하더라도 발전하고 있다면 아낌없이 칭찬하라, 결과보다 과정을 중요하게 생각하라 등 육체적 운동으로서의 수영을 넘어서 심리적인 면까지 살피는 '감성感性 수영'에 관한 아주 소중한 정보를 제공하고 있다.

3부에서는 실제로 아이에게 수영장에서 수영을 배우도록 할 때 부모와 아이가 알아야 할 과정들을 소개하고 있다. 어린이 수영 레슨의 종류, 내 아이에 맞는 수영 프로그램 선택법, 올바른 물안경 선택법, 수영복의 종류 및 선택법, 래시가드 착용 문제, 수영복 관리 요령, 수영모 구매 방법까지 어린이의 수영용품에 대한 상세한 소개와 구매 시유의할 사항에 대해 조언하고 있다. 그리고 수영하기 전 준비운동하기부터 발차기와 호흡하기, 자유형·배영·평영·접영 등 네 가지 영법에 대한 소개, 세부적인 수영 기술 배우기 등 어린이 수영 레슨의 진행 흐름을 상세히 소개하여 부모들의 이해를 돕는다. 그리고 어린이 수영대회 100배 즐기기, 분실에 대비한 수영용품 관리 비법까지 어린이 수영 레슨을 성공적으로 해내고 싶은 부모들은 위한 조언들로 가득하다.

마지막, 부록에서는 "수영복 안에 속옷을 입혀야 하나요?" "아이가 수영용품을 잘 잃어버리는데 저렴하게 구입하는 방법이 있을까요?" "딸 아이가 수영을 배우면 어깨가 넓어질까요?" "사춘기에 접어든 아이에게 수영을 가르치고 싶은데 살찐 외모 때문에 부끄러워해요." "아이의 수영모가 잘 벗겨지는데 새로 구매해야 하나요?" "아이의 실력이 향상되어 높은 수준의 반으로 올라갔는데 너무 힘들다고 해요." 등등 어린이 수영 레슨 상담 시 부모님들이 꼭 물어보는 '어린이 수영'에 관한 궁금증 14가지를 선발해서 싣고 있다.

Part **1**

어린이 수영 교육이
필요한 이유

MING

# 어린이 수영이란 무엇인가

　일반적으로 수영swimming, 水泳이란 글자 그대로 손과 발을 사용하여 물속에서 헤엄치는 것을 말한다. 우리가 흔히 수영장에서 배우는 기본적인 헤엄치는 방법인 영법泳法에는 자유형, 배영, 평영, 접영 등 네 가지가 있다. 이 밖에도 우리가 할 수 있는 영법은 다양하다.

　그러나 '어린이 수영'은 다르다. 어린이 수영은 유치부나 초등부 아이들을 대상으로 하는 수영이므로 어른들의 수영과 조금 내용이 달라진다. 어린이 수영은 어린이가 단지 네 가지의 영법을 배우고 습득하는 것만을 의미하지 않는다. 친구들과 수중에서 할 수 있는 다양한 물놀이와 샤워하는 것까지도 그 속에 포함된다.

　또래 친구들과 즐겁게 물놀이를 하면서 수영장 환경에 적응하고, 물에 대한 거부감과 두려움이 있었던 어린이들은 이런 놀이를 통해 자연스럽게 물과 친해지면서 스스로 좋아하게 된다. 물을 극도로 싫어하는 아이에게 수영을 억지로 좋아하게 만들 수는 없으므로 시간을 갖고 아이 스스로 수영장 환경에 익숙해지는 것이 중요하다. 스스로 즐겁게 물과 친해진 아이들은 누가 가르쳐주지 않아도 거부감 없이 잠수를 하고 발차기도 한다.

또한 수영장에서 친구들과 수영 레슨이 끝난 후 샤워장에서의 놀이도 어린이 수영의 중요한 부분이라 할 수 있다. 집에서 부모의 손길만 받다가 공동체 생활 속에서 또래 친구들과 함께하는 목욕은 또 다른 재미를 느끼게 해준다. 머리칼에 샴푸질을 하면서 머리에 뿔을 만들기도 하고, 턱에는 하얀 거품 수염도 만든다. 손바닥 위에 거품으로 눈사람을 만들어 '후~' 하고 불어보기도 하고, 자신의 손이 닿지 않는 등 같은 곳은 친구들과 함께 서로 도와주면서 친하지 않았던 친구들과도 가깝게 지낼 수 있는 좋은 기회가 된다.

## 선진국에서 어린이 수영 교육은 어떻게 이루어지고 있을까

"한국의 경우 익사 사고의 70퍼센트 이상은 바다나 강 등에서 발생하고, 5 퍼센트 정도는 가정 내 1세 이하의 영아에게서 많이 발생한다. 가정 내 익사 사고는 욕실의 욕조에 물을 받아 신생아를 목욕시키다가 갑자기 걸려온 전화를 받거나 현관의 벨이 울려서 잠깐 자리를 비운 사이 발생하는 경우이다. 이렇게 가정 내외에서 발생한 익사 사고로 인해서 아이는 가라앉은 지 2분이면 이미 의식을 잃게 되고, 4~5분 후에는 뇌 손상이 발생하며, 10분이 지난 후에 발견하면 거의 사망에 이른다."

※출처: 2004년 1월에서 2005년 12월까지 2년간 소비자보호원 소비자위해정보감시시스템(CISS)을 통해 수집된 14세 이하 어린이 안전사고 현황 분석.

미국의 연방정부 기관인 보건복지부 국가부상방지관리센터 National Center for Injury Prevention and Control 에서는 전 세계적으로 익사 사고가 세 번째로 큰 비의도적인 부상과 죽음을 가져온다고 보고했다. 연간 익사 사고로 인한 사망자가 평균 35만 9,000명 이상 발생하는데, 불행히도 20퍼센트 이상이 14세 이하의 어린이라는 것이다. 물론 우리나라보다 개인 수영장을 많이 소유한 외국에서는 이러한 영아 및 어린이들의 익사 사고가 더욱 빈번히 발생한다.

미국소아과학회 American Academy of Pediatrics 에서는 4세 이전 영아와 유아의 조기 수영 레슨이 88퍼센트까지 익사 사고의 위험을 줄인다는 연구 결과를 발표해 조기 수영 교육을 강조하고 있으며, 미국의 질병통제예방센터 The Centers for Disease Prevention and Control 에서도 아이가 물속에서 스스로 자신을 통제하고 수면 위로 몸을 띄울 수 있는 능력을 기르게 되면 익사 사고를 예방할 수 있기 때문에 1~4세부터 수영을 배울 것을 권하고 있다. 즉, 수영을 배우는 궁극적인 이유는 강이나 바다 등 물에서 안전사고가 일어났을 때 자기 구조 능력을 키우기 위해서이다.

수영의 다양한 영법과 놀이는 아이의 심폐 기능을 향상시키고, 더 나아가 근육과 뇌를 발달시킨다. 또한 시각, 청각, 후각, 촉각, 미각 등 신체의 오감 기능을 활성화시켜주는데, 이렇게 활성화된 감각들은 아이의 창의력 발달에 많은 도움을 준다. 이처럼 수영은 아이들이 점점 성장하면서 그들의 삶과 생활에 중요한 안전뿐만 아니라, 육체적·정신적 건강까지 얻을 수 있는 최고의 운동으로 전 세계적으로 각광을 받고 있다.

선진국에서는 이미 학교 체육의 교육과정 속에 기초적인 수영 방법과 생존을 위한 수영 교육이 포함되어 수영할 수 있는 능력을 기르도록 하고 있다. 아이들이 수영을 할 수 있다는 것은 잠재적인 수상 안전사고로부터 자신을 스스로 보호할 수 있는 능력을 갖췄다는 것이다.

영국의 교육부에서는 초등 및 중등학교 체육 교육과정 속에 필수적으로 수영을 가르치도록 하고 있다. 영국의 학교 수영 교육의 목표는 최소한 25미터 이상을 혼자서 수영해서 갈 수 있어야 하고, 자신이 위험한 상황에 처했을 때 스스로 구조하는 것이다. 영국에서는 학교 수영 수업 외에도 보충 및 방과 후 수영 교육을 통해서 실제적으로 교육이 이루어지도록 하고 있다.

벨기에와 네덜란드에서는 머리를 물속에 집어넣지 않는 평영 형태의 생존수영生存水泳, survival swimming을 교육하는 데 중점을 두고 있으며, 스웨덴이나 덴마크, 노르웨이, 핀란드에서는 초등학교 때 스스로 200

미터를 이동할 수 있도록 교육 목표를 두고 수영을 가르치고 있다. 처음 입수한 후부터 생존수영으로 50미터 이상 이동하는 것은 학교 수영에서 필수이다. 또한 수영 교육 시 실제로 일어날 수 있는 상황과 유사한 환경을 만들기 위해서 옷과 신발을 모두 신고서 생존수영을 교육하고 있다.

　오스트리아와 독일에서는 수영 교육이 큰 비중을 차지할 뿐만 아니라 다른 나라에 비해 수영을 매우 중요하게 생각해서 필수 교육으로 선정하고 있으며, 전 국민이 수영할 수 있다고 말할 수 있을 정도로 당연히 배워야 하는 것으로 인식되어 있다. 자치주나 각 학교마다 수영 교육에 대한 방법은 약간씩 다르지만 대개 초등학교 2~3학년부터 생존수영 교육을 시작한다. 처음 배우게 되는 수영은 '개구리헤엄'과 유사한 형태의 평영을 배우는데, 자신의 생존을 위한 수영에서부터 다른 사람의 생명도 구조할 수 있는 능력을 기르는 것이 수영 교육의 목표다. 독일과 오스트리아에서는 수영을 우리나라 사람들이 생각하는 영어 과목이나 수학 과목만큼 중요한 과목 중의 하나로 여긴다.

프랑스에서는 과정에 따라 유치원 때부터 수영 교육을 시작하기도 하며, 대학 입학 자격시험인 바칼로레아<sup>baccalauréat</sup>에 수영이 선택과목으로 있을 정도다. 프랑스의 학교 수영은 학교를 졸업하기 전까지 15미터 이상 스스로 헤엄칠 수 있어야 하고, 그 외에도 자유형, 배영, 잠수, 다이빙 및 균형 잡기 등 수영 기술들을 익히도록 학교에서 가르치고 있다.

## 안전불감증

비의도적인 익사 사고 및 상해는
모두에게 그 가능성이 열려 있으므로
누구나 사고의 피해자가 될 수 있다.

윌리엄 셰익스피어는
"안심은 인간의 가장 거대한 적이다."
라고 말했다.

이것을 수영에 대입하면 이렇다.

"나는 수영을 잘하니까 물에 빠질 일 없어."
하지만
자만은 절대 금물!!!

# 어린이 수영의 중요성

## 🤿 안전에 대한 경각심이 있는 어린이가 된다

　물장구치기, 물속걷기, 튜브 타기 등 강이나 해안가, 각종 물놀이 시설을 갖추어 놓은 워터파크 water park, 실내 수영장 등에서의 물놀이는 대부분의 어린이들에게 매우 즐거운 일이다. 그러나 수영 미숙이나 안전규칙을 지키지 않아 발생하는 각종 수상 사고들은 돌이킬 수 없는 치명적인 인명 사고로 이어질 수 있어서 매우 위험하다. 따라서 어른들의 각별한 주의와 아이들에 대한 교육이 절실하다.

　수상 사고의 원인은 다양하지만, 어린아이가 물에 빠지는 이유들 중 하나는 위험에 대한 경각심이 부족하기 때문이다. 냇가나 저수지 등 아이들이 놀기에 적합하지 않은 장소는 안전사고가 발생할 수 있기 때문에 부모들은 아이들이 놀지 못하도록 금지시키지만, 어린이들은 부모들이 말하는 위험의 정도를 잘 이해하지 못하기 때문에 재미있을 것이라는 생각만 하게 되고, 호기심 많은 어린이는 결국 몰래 행동하기도 한다.

게다가 하천이나 계곡 등 수심이 얕은 곳은 대부분의 부모들도 안전할 것이라 판단하고 아이들이 마음껏 물놀이를 즐기도록 한다. 하지만 실제로는 웅덩이, 소용돌이 등 알 수 없는 위험한 환경들이 곳곳에 존재하기 때문에 항상 보호자와 함께해야 하고, 수심이 얕은 곳일지라도 보호자의 시야에서 벗어나지 않도록 주의해야 한다.

그리고 아이들에게 물놀이를 시키기 전에는 수상 안전에 관한 교육을 반드시 하는 것이 매우 중요하다. 어른들의 안전불감증으로 인해 수상 안전에 대한 교육을 받지 못한 어린이는 쉽게 방심하게 되고, 위험의 심각성을 모르기 때문에 수상 사고의 위험에 노출될 가능성이 매우 높다.

실제로 나는 많은 어린이들에게 수영을 가르치면서 깊은 수영장을 무서워해서 접근하지 않는 아이들이 있는가 하면, 호기심이 넘쳐서 수영이 미숙함에도 불구하고 자기 키보다 높은 수영장에 갑자기 뛰어드는 아이들도 있어 주의를 요할 때가 많다.

　심지어 5~6세 유아들도 깊은 수영장에 대한 호기심이 상당하기 때문에 항상 수영 강사들은 깊은 수심에 대한 안전교육을 철저히 하고 난 후 수영 레슨을 시작한다.

　아이들이 수영장에서 수영을 배우는 동안 담당 강사는 매번 안전을 강조할 것인데, 그 과정을 통해서 아이들 스스로가 절차와 규칙에 점점 익숙해진다. 이렇게 수영을 배우다 보면 어린이 수영자는 준비운동을 하고 발끝부터 서서히 입수入水하는 습관이 몸에 배게 되어 '입수하기 전에는 반드시 체조를 해야 한다는 것'을 당연하게 받아들이게 된다. 즉, 수영장에 들어서자마자 즐겁고 흥미로운 마음에 들떠서 뛰어다니거나 갑자기 물에 뛰어드는 등의 행동은 자신의 안전을 위협한다는 사실을 담당 수영 강사로부터 제재를 받고 교육을 받게 됨으로써 경각심이 생기게 된다.

　친구들과 물놀이를 할 때, 친구를 물속으로 밀어버린다든가 친구의 머리를 눌러 나오지 못하게 하는 위험한 행동들을 하게 된다면, 함께 있는 담당 수영 강사가 논리적이고 즉각적으로 행동을 교정해줌으로써 아이들은 '위험한 장난'이라는 것을 인지할 수 있게 된다.

## 🤿 위급 상황 시 당황하지 않고 침착하게 행동한다

다리가 닿는 낮은 수심에도 불구하고 미끄러져 넘어지거나 누군가의 장난에 의해 물에 빠지게 되면 누구나 당황하게 된다. 순간적으로 놀라서 당황하게 되면 어른들은 금방 일어서지만, 아이들은 스스로 일어서기보다는 허우적대기 바쁘다. 얕은 수심이지만 물을 먹게 되고, 자칫 잘못하다가는 폐로 물이 들어가서 생명이 위험해질 수도 있다.

생존수영이나 수영을 전혀 교육받지 못한 어린이는 예측할 수 없는 수상 사고가 발생했을 때, 수영 교육을 받은 아이들보다 쉽게 당황해서 자신이 처한 상황에 어떻게 행동해야 할지 모르는 경우가 많다. 그러나 수영 교육을 받은 어린이들은 그렇지 않은 아이들에 비해 물에 빠졌을 때 침착할 수 있고, 자신이 아니라 어느 누군가가 빠졌을 때도 그를 구하기 위해 속수무책으로 물속에 뛰어들어 직접 구조하려 하지 않고, 배웠던 절차대로 안전하게 상황을 조치하게 된다. 어린이 수영 레슨 시 실제와 비슷한 상황에서 생존수영과 상황별 구조법을 배우게 되므로 아이들은 위험한 환경을 간접적으로 미리 경험해보았기 때문에 당황하지 않고 자신이 어떻게 행동해야 할지 결정하게 되는 것이다.

요즘은 생존수영이 국가적으로 대두되고 주된 쟁점거리가 되면서 학교 교육에서뿐만 아니라 일반 수영장에서도 어린이들에게 생존수영을 함께 가르치는 곳이 점점 늘어나고 있다.

## 🤿 건강한 경쟁심과 사회성, 자신감을 길러준다

아이들은 학교가 아닌 다른 곳에서 또래의 낯선 친구들과 상호작용을 하면서 인지능력과 의사소통 능력을 키워나가고, 여러 또래 친구들과 한 레인에서 영법을 익히면서 반시계 방향으로 발차기하기, 친구 물에 밀어 넣지 않기 등의 규칙을 자연스럽게 터득하고 배우게 된다. 또한 물총놀이, 소꿉놀이, 볼풀공놀이 등 각종 물놀이를 비슷한 또래 친구들과 자연스럽게 즐기면서 정서적 긴장과 스트레스를 해소할 뿐만 아니라 어린이의 사회성 발달에 좋은 영향을 미친다.

수영을 하다 보면 각종 수영대회에 출전하기도 하고, 또 수영 수업 시간 중 여러 아이들과 경기를 통해 경쟁하기도 하는데, 이 과정을 겪으면서 저마다 경쟁 상대가 생겨 자신만의 목표를 설정하게 된다. 이렇게 수영이란 운동을 통해 아이들은 다양한 경험을 하게 되고, 수영을 배우면서 원래는 전혀 하지 못했던 것들을 하게 되면서 '할 수 있다'는 자신감을 스스로 배워가게 된다. 이렇게 수영을 통해 물을 무서워하던 아이가 잠수를 하거나 20미터를 자유형으로 완주하지 못했던 아이가 꾸준한 연습을 통해 가능하게 되는 것 등 자신이 무언가를 성취할 수 있다는 능력이 있다고 스스로 믿게 되면, 자연스럽게 자아존중감이 높아질 뿐만 아니라 행복감까지 느끼게 된다.

## 🤿 수영으로 공부에 필요한 체력과 집중력을 기른다

아이들이 공부를 잘하려면 규칙적인 생활과 체력이 바탕이 되어야 한다. 체력이 약하게 되면 아이들은 무엇을 하든지 쉽게 피로를 느끼게 되고, 피로를 느끼다 보면 책상에 조금만 앉아 있어도 힘들고 집중력도 저하된다. 사실 집중력은 수면과 체력이 결정한다. 숙면을 취하게 되면 쌓인 피로가 풀려서 다음 날 일어났을 때 개운한 정신을 갖게 되어 아이의 집중력을 향상시키지만, 수면이 부족하게 되면 집중력 저하뿐만 아니라 자라나는 아이의 성장에도 큰 영향을 미친다.

수영은 전신운동이다. 그래서 처음 수영을 접하게 되면 움직이지 않았던 근육들을 사용하기 때문에 근육의 피로도가 올라가서 많이 피곤해할 수 있다. 하지만 꾸준히 수영을 하다 보면 점차적으로 근력이 좋아지면서 체력도 향상되고 숙면을 취할 수 있게 되어 집중력도 좋아진다. 수영을 즐길 때 뇌 안의 신경전달물질인 세로토닌serotonin이 증가

하게 되고, 밤이 되면 이 세로토닌이 멜라토닌melatonin으로 변하게 되
는데, 이 물질이 아이가 쉽게 잠을 청하도록 하여 숙면을 취할 수 있게
하기 때문이다.

　밤새 깊은 잠에 들지 못해 짜증을 잘 내는 아이들도 전신운동이면
서 유산소 운동인 수영을 하면 많은 도움이 된다.

# 수영은 아이의 건강에 어떤 영향을 미치는가

수영은 이미 전 세계적으로 각광 받고 있는 전신운동으로 연령에 상관없이 남녀노소 누구나 배우고 즐길 수 있다. 물의 부력에 의해 몸에 무리가 가지 않는 운동이므로 재활 치료로도 많이 활용되고 있으며, 몸의 신진대사를 원활하게 하고, 호흡기 계통과 심혈관, 근골격, 신경계 등에 많은 영향을 미친다.

## 🤿 수영은 관절에 무리를 주지 않고 근육을 탄탄하고 강하게 한다

허리까지 올라오는 물에 들어갔을 때 우리의 몸이 받는 하중은 50 퍼센트까지 줄어들며, 목까지 올라오는 물에 들어갔을 때에는 90퍼센트까지 줄어든다. 즉, 수영은 물의 부력 때문에 중력의 영향을 덜 받게 되므로 관절과 근육통을 완화시켜주는 데 효과적인 유산소 운동이다. 또한 우리가 알고 있는 일반적인 운동은 대부분 특정한 근육이 자극되어 발달하지만, 수영은 물살을 밀고 나갈 때 몸 전체에 물의 압력과 저항이 고르게 영향을 미치게 된다. 이 압력과 저항은 근육에 물리적인 자극을 주어 피부를 탄력 있게 만든다. 따라서 소아비만이거나 관절염이 있는 어린이에게도 신체적으로 부담감 없이 근력을 향상시켜줄 수 있는 매우 유용한 전신운동이다.


## 🤿 수영은 유연성을 길러준다

헬스클럽에서 기구를 사용하여 하는 운동인 헬스health는 운동 기구에 따라 특정한 근육만 발달시키지만, 수영은 접영·배영·평영·자유형 등 영법을 시행하면서 다양한 방향으로 관절과 인대가 움직이게 되어 유연성을 향상시킬 수 있도록 도움을 준다. 아이들은 성인보다 유연성이 뛰어나다. 하지만 성장하면서 활용하지 않는 인대와 근육들은 퇴화하여 성인이 되면 거의 유연성을 상실하고 만다. 하지만 수영을 통해 지속적으로 팔을 돌리고 발차기를 하면서 전신을 움직이는 등의 동작은 성장기 아이들에게 상체와 하체의 유연성을 유지시켜주는 것은 물

론이고 향상시켜서 몸의 균형과 신체 동작의 조정력調整力이 상승하도
록 도와준다.


### 🤿 수영은 심폐지구력을 길러주는 유산소 운동이다

우리가 수영을 할 때 근육은 많은 양의 산소를 필요로 해서 폐에 산
소를 공급하기 위해 심장은 평소보다 강하고 빠르게 움직인다. 이때
들숨과 날숨을 통해 평소 호흡보다 깊게 호흡하면서 몸속의 이산화
탄소가 몸 밖으로 빠져나가게 된다. 따라서 장기간 꾸준히 수영을 하
게 되면 심장과 폐가 건강하게 되고, 건강해진 심장은 모든 장기와 조
직에게 피를 원활히 잘 공급하게 되므로 고혈압과 심장마비로 사망
할 확률이 40퍼센트까지 감소한다. 특히, 수영은 아이들의 심폐 근육
을 강하게 만들어 폐활량이 크게 느는데 이는 호흡기가 약하거나 천식
을 앓는 아이들에게 많은 도움이 된다. 필자도 어렸을 때 기관지가 약
해서 수영을 시작했는데 수영을 시작한 이후 지금과 같은 건강한 몸을
갖게 되었다.



### 🤿 수영은 나쁜 콜레스테롤의 증가를 막는다

우리 몸의 콜레스테롤은 크게 두 가지로 나눈다. 저밀도 지방 단백
질low density lipoprotein, LDL과 고밀도 리포 단백질high density lipoprotein,
HDL로 나뉘는데, LDL은 간 등에서 합성된 콜레스테롤을 체조직에 운

반하는 역할을 하고, HDL은 말초 체조직의 콜레스테롤을 간에 전송하는 작용을 한다. 쉽게 말해, 콜레스테롤은 나쁜 콜레스테롤과 좋은 콜레스테롤이 있다. 이 콜레스테롤은 각기 하는 일이 다른데, HDL은 혈액에서 간으로 가기까지의 상태, LDL은 간에서 혈액으로 가기까지의 상태를 말한다. 즉, HDL은 혈관을 따라 체내를 돌면서 에너지를 사용하고 남은 LDL을 다시 간으로 운반하여 분해시키는 역할을 하고, LDL은 혈관을 따라 체내를 돌면서 세포에 지방의 일종인 콜레스테롤을 운반하는 역할을 한다. 그러나 LDL은 입자가 매우 작아서 동맥벽에 쉽게 쌓이는 바람에 혈관을 좁아지게 만든다. 이런 현상은 동맥경화와 뇌졸중이라는 무서운 질병을 발생시킨다. 건강을 유지하기 위해서는 혈관의 청소부인 HDL을 높여주고, LDL을 낮춰주는 것이 좋다. HDL을 높이는 방법으로는 달리기, 걷기, 자전거 타기 등 유산소 운동이 있는데, 수영은 다른 유산소 운동과 비교할 때 신체의 근육과 관절에 무리 없이 HDL을 상승시켜주는 완벽한 운동이라 할 수 있다.

● LDL (나쁜 콜레스테롤)
● HDL (좋은 콜레스테롤)

## 🏊 수영은 스트레스를 해소하고 심적 안정감을 가져온다

　요즘에는 성인과 마찬가지로 어린이들도 많은 환경적 요인에 의해서 정신적이거나 물리적인 스트레스에 노출되어 있다. 아이를 고려하지 않은 조기교육, 또래 아이들과의 관계 및 가정의 불화 등은 어린이의 신체적인 성장뿐만 아니라 정서에도 커다란 영향을 미친다. 이렇게 장시간 지속되는 '어린이 스트레스'는 면역력을 떨어뜨려 질병에도 잘 걸리게 하고, 또 또래 친구들과도 잘 어울리지 못하게 해서 사회성도 떨어질 수 있다. 뿐만 아니라 위장 기능 저하, 소아비만, 변비, 야뇨증, 틱장애, 어린이 탈모 등 다양한 질환이 발생할 수 있다. 이러한 어린이 스트레스를 해소하기 위해서는 부모의 따뜻한 관심과 사랑을 바탕으로 아이가 흥미로운 것을 찾아 적극적으로 활동함으로써 해결할 수 있다. 특히, 수영과 같은 유산소 운동은 신경세포의 성장을 촉진하고, 뇌를 자극하여 기분에 영향을 미치는 세로토닌과 같은 신경전달물질인 ANP를 상승시켜 스트레스 감소와 불안에 대한 뇌의 반응을 제어하는 데 도움을 주는 호르몬을 생산한다.


## 🏊 수영은 수면무호흡증후군에도 도움이 된다

　수면무호흡증후군睡眠無呼吸症候群이란 자는 동안 입과 코의 공기의 흐름이 동시에 10초 이상 정지하는 발작이 하룻밤 사이에 수십 번 일어나는 병적 증상을 말하는데, 잠을 자다가 돌연사하는 원인이 된다. 마른 사람에 비해 비만인 사람에게서 수면무호흡증후군이 발생할 확률이 높다. 일반적으로 코골이와 수면무호흡증후군은 함께 발생하며, 자는 동안에 산소 공급이 원활하지 않아 각종 질병에 노출될 확률이 높다. 수면무호흡증후군 증상이 심해지면, 특히 어린이의 경우 성장이 저하되고 집중력과 주의력이 결핍되는 현상이 발생하므로 하루라도 빨리 치료할 필요가 있다. 수면무호흡증후군을 치료하고 예방하기 위해서는 규칙적인 운동과 체중 조절이 필수적이다.

필자에게 1년 넘게 수영 레슨을 받은 한 학부모는 최근에 센터 스노클center snorkel 레슨을 받으면서 요즘에는 양압기continuous positive airway pressure, CPAP를 착용하지 않고 수면을 취할 수 있게 되었다.

양압기란 기도를 통해 폐로 들어가는 공기에 압력을 주어 지속적으로 공기를 공급하는 의료 장비다. 수면 중 호흡운동을 통해서 산소 공급을 원활히 하여 심혈관이나 뇌혈관 질환을 예방한다.

그 학부모님은 수영을 통해서 10킬로그램 이상 체중 감량과 체력 증가뿐만 아니라 규칙적인 호흡과 폐활량 향상으로 양압기 사용을 중단하게 되었다고 한다. 이처럼 수영 덕분에 수면무호흡증후군을 치료했다는 믿음 때문에 그분은 꾸준히 수영을 배우고 있다.

비만인 사람들에게는 효과적으로 체중을 감량하고, 관절에 무리가 없는 유산소 운동 방법으로써 수영을 적극적으로 추천한다.

| 수면무호흡증후군 증상이 심한 어린이 | 충분하지 못한 수면은 성장 호르몬의 분비에 영향을 미친다. |
|---|---|
| | 주의력 결핍이 생길 확률이 증가한다. |
| | 행동발달장애, 성장장애, 야뇨증 발생 우려가 있다. |
| | 집중력과 인지능력을 저하시켜서 학습능력을 방해한다. |

정리하자면, 어린이가 수면무호흡증후군을 겪을 경우에 아이들의 정상적인 발달을 위해서 조기 치료가 필요한데 이 경우 수영을 시키면 규칙적인 운동으로 인해서 체력 증가와 체중 감량이 아이들의 수면무호흡증후군을 치료하고 예방하는 데 도움이 된다.

## 🤿 수영은 ADHD를 극복할 수 있게 한다
## : 수영황제 마이클 펠프스 사례

주의력결핍과잉행동장애attention deficit hyperactivity disorder, ADHD는 아동기에 많이 나타나는 장애로 주의지속시간이 짧고 산만하며 과잉행동, 충동성을 주된 증상으로 보이는 정신질환이다. 이러한 증상들을 초기에 치료하지 않고 방치할 경우, 일부는 청소년기와 성인기가 되어서도 그 증상이 남아 고통을 받게 된다.

올림픽 수영 8관왕의 수영황제 마이클 펠프스Michael Phelps의 어머니는 초등학교 시절 선생님으로부터 아들이 ADHD로 치료가 필요하다는 말을 듣고, 병원에서 ADHD 진단을 받고 처방약을 복용하기 시작했다. ADHD는 지나치게 산만하고 충동적이거나 공격적인 행동을 하는 일종의 정신장애이다.

아들이 걱정된 펠프스의 어머니는 산만하고 학교생활에 제대로 적응하지 못하는 아들에게 집중력을 높이기 위해서 수영을 배우게 했다. 처음에 펠프스는 큰소리를 지르고 물안경을 내던질 정도로 물을 극도로 싫어했다. 그러나 어머니와 누나들이 그가 장애를 극복할 수 있도록 많은 노력을 기울였으며, 또 그가 물을 무서워할 때마다 끊임없이 자신감과 용기를 북돋아 주었다. 펠프스의 코치는 물속에 얼굴을 담그지 못하는 그를 이해하고 자유형 대신 배영을 먼저 배우도록 배려했다. 그러자 펠프스는 호흡이 자유로운 배영을 통해서 수영의 재미를 알게 되었고, 이를 계기로 수영은 그의 일부가 되었다. 이후 펠프스는 수영에서 엄청난 잠재력을 발휘하기 시작했다. 놀라운 수영 기록을 성취해 나가면서 ADHD 환자로서 견디기 힘든 훈련 스케줄을 모두 소화해냈다. 펠프스의 어머니는 이런 수영에 대한 집중력이 다른 일상생활에도 적용될 수 있으리라는 확신이 들자 ADHD 약물치료도 중단했다. 이것은 수영을 통해 아이의 과잉행동을 분출하고, 또 집중력과 뇌의 활동에 도움이 되었기에 긍정적인 효과로 작용하여 ADHD 장애를 극복하는 데 많은 도움이 된 성공적인 사례이다.

ADHD 장애를 가지고 있는 펠프스는 신분증을 들고가는 것을 자주 잊어버린 채 경기장에 들어가기도 했고, 또한 경기 때 수영복 끈을 안으로 넣지 못한 채 출발하기도 했다. ADHD 장애는 뇌의 전두엽 이상으로 나타나는 질환으로, 여러 가지 치료 방법이 있지만 가장 효과적인 치료법은 운동을 통한 치료다. 운동을 통해 좌뇌와 우뇌의 기능이 저하된 부분을 활성화할 수 있기 때문이다.

운동으로 전두엽의 기능을 강화시키면 ADHD 등의 질환 치료뿐만 아니라 학습 능력 향상에도 도움을 줄 수 있다. 우리가 흔히 공부를 잘한다고 하는 것은 전두엽의 기능이 좋다는 것이다. 수영뿐만 아니라 운동을 하게 되면 이 전두엽을 자극해서 새로운 신경세포가 자라나게 된다. 특히,

좌뇌와 우뇌의 균형을 맞출 수 있는 수영 같은 운동을 하게 되면 전두엽의 기능이 더욱 향상되어 사고하는 능력과 인지하는 능력이 개선된다. 뇌의 기능은 자극의 빈도에 비례하여 향상되기 때문에, 특히 성장기에 있는 아이들에게 균형 운동인 수영을 배우도록 하면 좋다.

**수영을 하면 외이도염은 꼭 생기는 건가요?**

'외이도(外耳道)'는 귀에서부터 고막으로 이어지는 통로를 가리키는데, '외이도염'이란 이 연결 통로에 염증이 생기는 것이다. 수영을 하면 귀에 물이 들어가 외이도염에 걸릴 확률이 높아지는 것은 사실이다. 특히, 귀에 들어간 물이 제대로 건조되지 않아 습한 경우나 물기를 닦아내기 위해 사용한 면봉이나 다른 물리적 자극에 의해서 상처가 발생하여 생기는 경우가 있고, 몸의 면역 시스템이 무너지면 공공 수영장의 물에 의해 쉽게 세균 감염이 되어 외이도염이 생긴다.

따라서 외이도염을 예방하기 위해서는 수영 후에 귀를 건조시켜주는 것이 중요한데, 면봉을 사용하는 것은 위험하므로 드라이어나 선풍기 바람 등을 이용한 자연 건조가 좋다. 만약 귀가 아프다면 빨리 이비인후과를 방문하여 치료해야 한다.

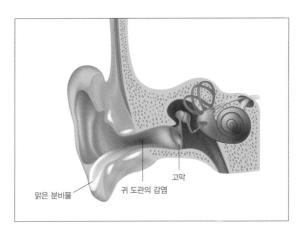

맑은 분비물

귀 도관의 감염

고막

# 어린이뿐만 아니라 부모도 알아야 할 생존수영

## 생존수영은 아이들에게 선택이 아닌 필수다

2014년 4월 16일 세월호 참사 이후 2015년부터 초·중·고교생들에게 생존수영 교육이 의무화되었다. 과거에는 필기 위주의 교육이었다면, 이제는 실진 위주의 학교 체육으로 변화했다고 할 수 있다. 그러나 현재 생존수영 교육이 보편화되어가고는 있지만, 아직 실제 상황과 다소 거리가 있는 교육 방법으로 이루어지는 곳이 많다.

생존수영을 배우는 목적 중의 하나는 위험한 상황에 처했을 때 침착하고 안전하게 자신을 스스로 구조하는 방법을 배우고, 각종 도구들을 이용해서 남을 구조할 수 있도록 하기 위해서이다.

국민안전처는 해양 구조에 있어서 골든타임golden time을 한 시간으로 설정했다. 골든타임이란 사고나 사건 발생 시 인명을 구조하기 위한 초반의 금쪽같은 시간을 가리키는데, 응급처치 시 심폐소생술

cardiopulmonary resuscitation, CPR 은 응급 상황 발생 후 5분에서 최대 10분 내에 시행되어야 한다.

실제 응급 상황에서는 기존의 접영, 배영, 평영, 자유형의 네 가지 영법만으로 구조대가 도착할 때까지 골든타임 한 시간 동안 온도가 낮은 해상에서 파도를 견디며 기다리는 것은 현실적으로 불가능하다. 따라서 최소한의 힘으로 깊은 바다나 강 등 수상에서 구조대가 올 때까지 스스로 버틸 수 있는 방법을 습득해야 한다.

생존수영은 다양하고 화려한 영법과 빨리 헤엄치는 능력이 아니라 가장 적은 에너지로 가장 오랫동안 물속에서 버틸 수 있도록 생존에 목표를 두어야 한다.

## 🤿 '선박 탈출 훈련'이 필요하다

사고 상황은 항상 예고 없이 찾아온다. 그렇기 때문에 만일의 상황에 대비하여 많은 모의훈련과 적절한 대응방법을 배우게 된다면 보다 침착하게 상황에 대처할 수 있게 된다.

해상에서 실제로 선박이 전복되거나 침몰될 때 최후의 순간에는 선박에서 다이빙을 통해 탈출해야 하지만, 수영을 할 수 있음에도 불구하고 선박 탈출이 어려운 이유 중의 하나는 파도와 푸른빛이 도는 해상에 대한 두려움 때문이다. 그리고 자신이 그동안 의존해왔던 선박에서 뛰어내리는 것이 심리적으로 안전하지 못할 것이라는 순간적인 판단에 의한 것이다.

그러므로 생존수영 교육은 선박에서 뛰어내리는 동작 등 실제 상황과 유사한 형태의 교육을 실시하고, 위급한 상황에서 판단 능력 기르기도 그 교육 내용을 이룬다.

생존수영 교육은 이렇게 선박에서 탈출하는 것에서 끝나는 게 아니다. 설사 선박에서 탈출했다 하더라도, 낮은 수온에서 자신의 체온을 보호하지 못하면 저체온증으로 사망할 확률이 높다. 그렇기 때문에 생존수영 교육을 통해서 체온을 유지하는 다양한 방법을 미리 익혀두어야 한다. 체온을 유지하기 위해서는 구명조끼를 입은 상태에서 머리를 물 밖으로 내놓고 팔과 다리를 물속에서 웅크리거나, 다수일 경우에는 여러 명이 서로 팔짱을 끼고 밀착해 있음으로써 최대한 체온의 손실을 줄이는 방법을 말한다.


## 🤿 '착의 생존수영'을 배워야 한다

생존수영은 실제 상황과 유사한 환경에서 배우는 것이 가장 효과적이다. 우리가 수영장에서 수영할 때 입는 수영복과 수영모, 물안경이 아니라 평소에 입던 옷과 신발을 신고 수영을 배우는 것이 진짜 생존수영 교육이라고 할 수 있다. 프랑스나 일본, 독일, 네덜란드 등 선진국들은 옷을 입고 생존수영을 가르치고 있다. 그러나 우리나라의 많은 수영장들에서는 수질 관리 등을 이유로 진정한 생존수영 교육이 이루어지지 못하고 있다. 우리나라에서는 아직까지 '착의 수영'에 대한 인식이 미흡하다는 것도 그런 상황에 대한 근거로서 작용한다.

수상에서 위급한 상황이 발생했을 때는 심적으로 당황할 뿐만 아니라 당장 호흡이 곤란한 상태가 오고, 물속으로 몸이 가라앉는 상황이 발생하게 된다. 이러한 위급한 상황에서는 심리적 저항이 많이 발생하고, 물을 흡수해 무거워진 옷이나 신발을 벗어던진다는 것은 현실과도 맞지 않다. 강사인 나도 직접 '착의 수영'을 체험해보면, 일반 옷을 입고 신발도 신은 채 헤엄을 치는 것은 평소 수영장에서 수영복을 입고 수영하는 것과 상당한 차이가 난다는 것을 느낄 수 있다. 그러므로 실제 상황과 가장 유사하게 교육을 받는 것, 즉 '착의 수영'이 생존수영 교육에서 필수적인 요건이 되어야 한다.

수영복은 물의 배수가 원활하고 물의 저항을 최소화하는 원단으로 만들어졌지만, 우리가 흔히 입는 의복은 물에 젖으면, 흡수된 물 무게로 인해서 몸이 무겁게 느껴지거나 몸의 움직임을 둔하게 만들어 물속으로 가라앉게 된다. 더구나 신발을 신은 상태에서 발차기를 한다고 가정했을 때 아이의 체력 소모가 더욱 커질 것은 너무나 당연한 일이다.

아무리 네 가지 영법에 대한 수영 교육을 받은 어린이라 하더라도 생존수영 교육을 실제 상황처럼 제대로 받지 못했다면 솔직히 생존수영 교육은 무의미해진다. 어린이들이 '착의 수영'을 경험해봄으로써 자신이 옷을 입은 상태로 물에 빠졌을 때 어떻게 되는지 간접적으로 경험해볼 수 있다. 아이가 '착의 생존수영'을 통해 몸과 마음이 위급한 상황에 적응하는 방법과 대응능력을 기르도록 해야 한다.

## 🤿 위급 상황 시 '개구리헤엄'과 '배면뜨기'가 효율적이다

생존수영은 누군가를 이기기 위해 하는 것도, 그렇다고 멋지고 화려하게 수영하는 모습을 보여주기 위한 것도 아니다. 자신의 소중한 생명을 위해 수상에서 위급 상황 시 오래 버텨 생존하는 법을 배우기 위해 실시하는 교육이다.

사실 자유형은 '착의 수영' 시에 물을 흡수한 옷의 무게로 인해 근육의 피로도가 쉽게 발생하고, 신발을 신었을 경우에는 발차기도 힘들게 된다. 그러므로 구출될 때까지 소모되는 에너지를 최소화하기 위해서는 옷을 입고 신발을 신은 상황에서 머리를 물속에 넣지 않고 하는 '개구리헤엄'이 가장 안정적인 자세로 장시간 유지할 수 있는 영법이 된다.

그러나 최근에는 이 개구리헤엄보다 선호되는 생존수영 중의 하나가 '배면뜨기back float'이다. 배면뜨기를 흔히 '배영뜨기'라고도 하는데, 몸에 힘을 빼고 편안하게 물 위에 누워 수평을 유지하게 되면 우리 몸이 가진 자체적인 부력에 의해 특별한 동작 없이도 물 위에 뜰 수 있게 된다. 생존수영 교육을 통해 물에 대한 공포감을 없애고, 또 몸의 무게중심을 적절하게 다루는 방법만 배운다면 배면뜨기는 누구나 쉽게 배울 수 있다는 장점이 있다.

## 🤿 주변 사물을 활용한 구조법을 배워야 한다

어린이들이 수영을 배우는 가장 큰 이유는 위험한 상황에서 자기 자신을 스스로 구조하기 위한 것이다. 그러나 수영을 조금 할 줄 안다고 어린이뿐만 아니라 심지어 어른들도 환경을 고려하지 않은 채 물에 빠진 사람을 구하기 위해 직접 물에 뛰어든다.

그러나 물에 빠진 사람은 필사적으로 허우적대기 때문에 맨몸으로 직접 그 사람을 구하러 물속에 들어갔다가는 생명을 구하기는커녕 들어간 사람조차 매우 위험해져 2차 익사 사고로 이어질 수 있으므로 주의해야 한다. 누군가가 물에 빠져 위험한 상황에 처했을 때는 먼저 주위에 인명구조용 튜브나 일반 튜브가 비치되어 있는지 확인하고 그것을 활용하도록 한다. 만일 그러한 것들이 없다면 주위에 부력이 있는 물건들을 적극적으로 활용하여 구조하도록 해야 한다.

### ⋯ 페트병을 활용한 구조법

페트병에 물을 조금 넣고 뚜껑을 꽉 닫은 후 페트병에 긴 끈을 칭칭 감아준다. 페트병에 물을 넣는 이유는 목표 지점으로 쉽게 페트병을 던져 보내기 위해서이다. 그리고 페트병은 물에 빠진 사람보다 멀리 던져야 연결된 줄을 잡을 수 있다.

### ⋯ 뜯지 않은 대형 과자 봉지를 활용한 구조법

진공 포장된 과자 봉지는 안에 공기가 들어 있어 부력이 있으므로 쉽게 물에 뜰 수 있다. 튜브 대용으로 대형 과자 봉지를 물에 빠진 사람에게 던져 그것을 안고 천천히 물속에서 빠져나올 수 있도록 한다.

··· 아이스박스를 활용한 구조법

　　일반 아이스박스는 안에 들어 있는 내용물을 모두 비우고 뚜껑을 닫아 구조 시에 사용해야 하고, 스티로폼 아이스박스는 굳이 뚜껑을 닫지 않아도 뜨기 때문에 물에 빠진 사람에게 바로 던져주기만 하면 된다.

　　이외에도 돗자리, 캠핑용 침낭, 에어 매트리스나 베개, 물놀이용 공 등 부력이 있는 사물이라면 모두 구조에 활용할 수 있다.


## 🤿 몸에 잘 맞는 구명조끼를 입어야 한다

　　구명조끼life jacket를 다른 말로 '구명동의救命胴衣'라고도 한다. 구명조끼는 기포를 함유하고 있는 폼플라스틱foam plastic, 거품 모양으로 부풀어 내부에 기포를 함유하고 있는 플라스틱의 부력을 이용하여 물에 빠졌을 때 몸을 뜨게 해주고, 차가운 수온으로부터 체온을 유지할 수 있도록 도와주어 저체온증의 위험으로부터 몸을 보호해주는 역할을 한다.

　　구명조끼는 조난 상황에 대비한 구호장비나 어업인들의 안전과 인명 피해 예방을 위해 착용하도록 되어 왔으며, 현재는 워터파크나 실외 수중 스포츠 등 안전한 물놀이를 위해서도 사용하는 필수품이 되어 그 수요는 지속적으로 증가하고 있다. 그러나 수요가 증가하는 만큼 사람들이 구명조끼에 대한 올바른 사용 방법을 숙지하지 않은 채 그것만 믿고 깊은 곳에서 물놀이를 하다가는 위험한 상황에 처하는 경우도 발생한다. 구명조끼가 자신의 생명을 100퍼센트 보호해줄 것이라는 터무니없는 믿음과 무조건적으로 안전할 것이라는 단순한 생각만으로 올바르게 사용하지 않는다면 안전사고가 발생할 수 있으므로 반드시 착용법을 숙지해야 한다.

구명조끼를 사용하다가 발생하는 안전사고는 성인보다는 어린이에게서 더 많다. 아이의 신체에 맞지 않은 구명조끼를 입었거나 다리 끈이 불편하다며 제대로 착용하지 않았을 때 안전사고가 많이 발생한다.

부모님들 중에 아이의 구명조끼를 구매할 때 아이의 성장을 고려해서 약간 큰 사이즈를 구매하는 경우가 있다. 그러나 구명조끼의 사이즈가 크게 되면 깊은 수영장 물속에 들어갔을 때 아이의 몸은 가라앉게 되고 구명조끼는 부력에 의해 뜨게 되므로 자칫 잘못하면 벗겨질 수도 있고, 구명조끼로서 제대로 된 역할을 못 하게 될 수도 있다. 그러므로 구명조끼는 반드시 아이의 몸에 잘 맞는 것을 선택해야 한다.

### ⋯ 올바른 구명조끼 착용법

1. 자신의 몸에 잘 맞는 구명조끼를 선택하고, 앞쪽의 버클buckle을 모두 끼운다.
2. 2인 1조가 되어 몸에 잘 맞도록 조임 끈을 당겨 조인다.
3. 구명조끼의 뒤쪽에 부착되어 아래로 떨어지는 다리 끈을 손으로 잡은 후 다리 사이를 통과해 앞쪽으로 빼낸 다음 고정한다.

## ✒️ 심폐소생술, 어린이도 배울 수 있다

2015년 4월 27일자 『한국일보』에 "심폐소생술CPR로 어른을 살린 초등생"이라는 헤드라인의 기사가 실린 적 있다. 한 아파트 단지에서 50대 남성이 재활용 쓰레기를 버리기 위해 분리수거장으로 향하던 중 갑자기 정신을 잃고 쓰러지는 것을 본 한 어린이가 망설임 없이 심폐소생술을 실시하여 그 남성의 목숨을 살렸다는 것이다. 이 어린이는 부모의 권유로 심장과 폐의 활동이 멈추었을 때 실시하는 응급처치인 심폐소생술을 배웠다고 한다.

또 2015년 8월에는 의식을 잃고 숨을 안 쉬는 아빠를 본 초등학교 4학년 딸이 평소에 학교에서 배운 심폐소생술을 실시하여 아빠를 살린 경우도 있었다. 실제로 이렇게 어린이들도 심폐소생술로 사람의 생명을 살린 사례들은 꽤 되므로 어린이도 충분히 심폐소생술을 실시할 수 있다.

심폐소생술은 꼭 수상 사고로 인한 경우에만 실시하는 응급처치가 아니라, 일상생활을 하던 중 누군가 심정지가 되어 의식을 잃는 상황이 발생했을 때, 심장 활동을 회복시키기 위해 심폐소생술을 실시하기도 한다. 평소에 심폐소생술에 대해 미리 숙지하고 있다면 응급 상황 발생 시 적절하게 대처할 수 있다.

## 심폐소생술 실시 요령

1. 어깨를 가볍게 흔들어 보고, 호흡과 심장이 멎었는지 확인한다.

2. 주위에 있는 사람에게 도움을 요청하고, 즉시 119에 신고한다.

3. 빠르고 강하게 가슴을 1분당 100~120회 속도로 30회 정도 압박한다.

4. 환자가 숨을 내쉬면 옆으로 누인다.

5. 호흡이 다시 멎으면 심폐소생술을 다시 실시한다.

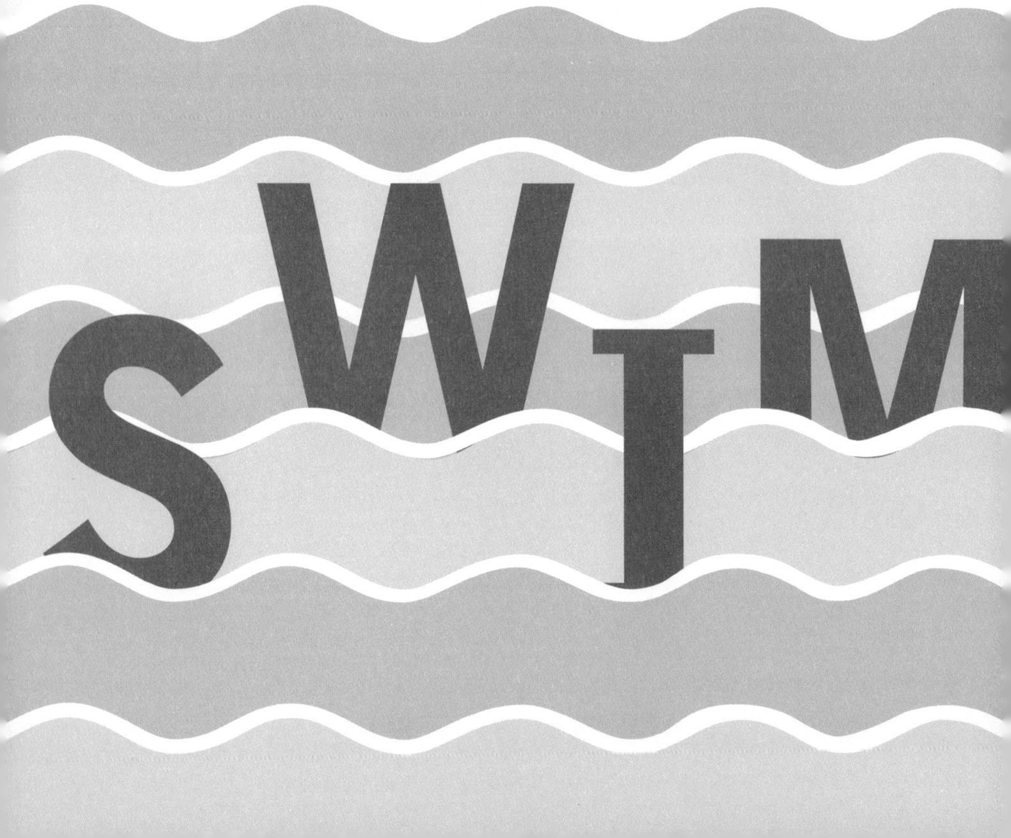
SWIM

## Part 2

부모의 믿음이
아이를 성장시킨다

# 관심을 갖되, 눈높이는 낮추어야 한다

"그렇게 하는 게 아니야."

"안 돼."

"틀렸어."

"넌, 왜 그렇게밖에 못하니."

무언가를 배우는 아이들에게 이런 부정적인 말은 좌절감을 안겨주고 자신감을 떨어뜨린다. 누구나 자신이 잘하는 것을 좋아하고, 좋아하는 것을 잘하기 마련이다. 또 싫어하는 것은 못 하거나 안 하는 경우가 많고, 반대로 못 하는 것을 싫어하기도 한다.

아이들은 본능적으로 부모에게 칭찬받고 싶은 마음이 있기 때문에 아이들이 하는 행동에 대한 부모의 긍정적인 반응은 주도성이나 자신감을 길러주고, 부모의 부정적인 반응을 통해서는 자존감이 낮아지거나 자신을 잘 표현하지 않는 소극적인 아이로 성장할 수 있다.

"엄마, 나 수영을 배우는 것이 너무 힘들어요."

"선생님, 저는 평영이 제일 싫어요."

아이들이 수영을 배워가면서 한번쯤 수영하기 싫다는 말을 하는 시기가 있는데 바로 '평영'에 입문할 때이다. 통계적으로 대부분의 아이들이 제일 어려워하고 힘들어하는 영법 중 하나가 '평영'이다. 다리의 유연성이나 발목을 컨트롤할 수 있는 기술적인 동작이 필요하고 추진력을 얻기 위해서 팔과 다리의 연결 동작인 '평영콤비'와 다리의 모양, 발차기의 힘을 조절하기 위해 까다로운 동작들을 익히기까지 많은 연습이 필요하기 때문이다.

어느 날 필자의 수영 레슨에 배영까지 배우다가 평영 진도를 나갈 때쯤 수영을 중단했다는 남자 초등학생 한 명이 새로 들어왔다. 이 어린이는 발목의 유연성이 부족해서 평영 발차기를 할 때 추진력을 얻을 수 없어서 자신의 의지와는 달리 물속으로 계속 가라앉기만 했다. 그래서 매번 평영을 가르칠 때마다 자기는 평영 발차기가 제일 싫고 못하니까 하기도 싫다는 의사를 표현하면서 평영 때문에 수영하기 싫다는 수영에 대한 부정적인 감정을 강하게 드러냈다.

할 줄 모르고, 잘하지 못하기 때문에 배우는 것인데, 자신이 "못하기 때문에 하기 싫다"는 잘못된 생각이 아이를 점점 부정적으로 만들어가고 있었다. 그래서 필자는 그 아이와 솔직하게 대화를 해보니, 평영을 위한 발차기만 두 달 넘게 배웠지만 스스로 발전되는 것을 느끼지 못하고 다른 아이들과 점점 차이 나는 진도로 인해서 극심한 스트레스를 받고 있었다. 발차기가 안 된다고 계속해서 그 아이의 진도를 정체시키다 보니 수영에 대한 흥미를 잃는 것은 너무나 당연했다.

부모는 아이의 진도 상황을 확인할 필요가 있다. 특정한 진도에서 지나치게 장기간 정체되는 것 같다면 담당 수영 강사와 상담을 통해서 어떤 문제점들이 있는지 파악하고, 다른 아이들도 겪는 보편적인 현상인지, 앞으로 어떻게 수영 레슨의 방향을 이끌어갈 것인지를 진지하게 상담해야 한다. 만일 오랫동안 반복연습을 했더라도 잘 안 되는 부분이 있다면, 융통성 있게 진도를 건너뛰어도 되는 부분인지 판단하여 과감하게 결정 내리는 것도 좋은 방법이다. 진도를 그냥 넘겼다고 해서 다른 영법에 지장을 주는 것은 아니기 때문에 부모와 담당 수영 강사의 상담을 통한 적절한 판단은 아이의 흥미를 지속적으로 유지할 수 있도록 하는 데 도움을 준다.

수영을 배우는 단계에서의 사소한 스트레스도 아이에게는 독약이 될 수 있으므로, 수영을 좋아하는 아이라면 그 첫 마음을 유지하여 지속적으로 운동을 이어나갈 수 있도록 도와주고, 그렇지 않다면 먼저 수영을 좋아하도록 만드는 것이 어른들의 큰 과제이다.

아이가 수영을 잘하지 못한다고 해서, 또 다른 아이들과 진도가 다르고 뒤처진다고 해서 비교하며 다그치고 꾸짖는다고 실력이 눈에 띄게 향상되지 않는다는 사실을 명심해야 한다. 오히려 내 아이가 다소 부족하더라도 용기를 북돋아 주고, 담당 수영 강사와의 상담을 통해서 적절하게 진도를 나갈 수 있도록 하는 것이 도움이 된다.

아이가 수영을 힘들어하고 실망하고 있다면, 살며시 안아주면서 격려의 말을 통해 자신감을 불어넣어주자.

"괜찮아. 잘하기 위해서는 힘든 과정은 꼭 있는 거란다."

"오늘 열심히 하는 모습을 보니까, 너무 멋져."

"조금만 더 열심히 연습하면 지금보다 더 잘하게 될 거야."

그리고 엄지손가락을 들어 "최고!" 라는 표현을 해주자. 아이들이 부모로부터 최고라는 말을 듣게 된다면, 자신감을 얻게 될 것이고 힘들었던 수영 레슨에 대한 부정적인 마음이 긍정적으로 변하게 될 것이다.

## 🤿 배우는 즐거움을 선물하라

아이들에게 못하는 부분을 지적하고 혼내면서 가르치기보다는 잘하는 것을 칭찬해주면서 가르치는 것이 더욱 효과적이다. 못하는 부분을 채찍질한다고 해서 잘하게 되는 게 아니기 때문이다. 오히려 채찍질은 부정적인 영향을 끼칠 수 있다. 아이가 수영을 강압적으로 시키는 부모나 지적질하고 혼내면서 가르치는 담당 수영 강사가 너무 무섭고 두려워서 의무감으로 수영을 하게 된다면, 결국 나중에는 하기 싫은 마음이 커져서 지속적인 운동으로 이어나가기 힘들다. 즐거움과 흥미가 없는 수영은 일시적일 뿐이다.

수영은 같은 동작의 반복연습을 통해서 익숙해지는 운동이다. 그렇기 때문에 수영 레슨 진행과 훈련뿐만 아니라 적절히 아이의 성향에 맞는 놀이나 재미를 병행하여 힘들고 지루한 수영 훈련 과정들을 극복할 수 있게 도와주어 수영을 즐겁고 재미있는 운동이라는 인식을 갖게 한다.

특히, 수영 레슨 기간 중간에 부모와 함께 워터파크나 리조트 등에서 물놀이하는 기회를 가지게 된다면 그 효과는 두 배로 상승하게 된다. 수영 레슨을 통해 자신이 배웠던 동작들을 부모에게 자랑스럽게 선보일 수 있고, 또 부모의 입장에서는 부모의 기준에 다소 부합하지 않더라도 격려와 칭찬을 해주면 아이들은 다음에 또 칭찬을 받기 위해서 즐거운 마음으로 수영 레슨에 임하게 된다.

만약 아이가 수영 레슨보다는 물놀이에 더 관심이 많아서 수영 레슨에 집중하지 않는다면, 친구들과 함께하는 다양한 물놀이의 비중을 높여서 접근하도록 하고, 점차적으로 물놀이보다는 수영 레슨의 비중을 높여가며 친구들과 함께 수영을 배우는 것이 흥미롭고 재미있다는 것을 스스로 느끼고 깨우칠 때까지 여유를 가지고 지켜봐주는 것도 중요하다.

아이들이 배우기 싫어하거나 잘하지 못하는 것에 대해서 부모가 심하게 꾸지람하는 것은 수영에 대한 선입견이나 콤플렉스로 작용하게 되어 결국 아이는 수영에 대해 자신감을 상실하게 된다. 부모의 칭찬과 격려는 아이들의 실력 향상을 돕고, 수영에 대한 긍정적인 생각을 갖도록 만들 뿐만 아니라 칭찬을 해주는 상대인 부모나 담당 수영 강사로부터 자신을 좋아해준다는 느낌을 받게 되어 아이와 더욱 원활한 상호작용이 가능해진다. 이렇듯 부모와 자녀 간의 긍정적인 관심과 감정의 표출은 수영 레슨을 지속적으로 이어나가는 데 많은 도움이 된다.

내 아이에게 수영을 '평생운동'으로 삼게 하려면 칭찬과 격려를 통해서 배우는 즐거움을 먼저 선물해야 한다.


### 🤿 아이의 '핑계'에는 다 이유가 있다

"너무 피곤해요."
"배가 아파요."
"머리가 아파요."


부모는 수영을 계속 가르치고 싶은데 아이는 자꾸만 하기 싫다고 한다. 수영장 가는 날만 되면 이것저것 수영을 못할 핑계를 대고, 또 어떤 날은 아예 대놓고 가기 싫다고 떼쓰고 울기도 한다.

아이들이 이런 모습을 보이는 것은 대개 다음 다섯 가지 이유 때문이다.

1. 아이가 생각할 때 자신의 담당 수영 강사가 무섭거나 싫다.
2. 아이의 성향이나 수준, 연령이 맞지 않는 반에서 수영 레슨을 받고 있다.
3. 어른들의 잘못된 비교로 인해서 아이의 수영에 대한 자신감이 상실되었다.
4. 또래 친구들과 잘 어울리지 못하거나 괴롭힘을 당하고 있다.
5. TV, 컴퓨터 오락, 만화책, 장난감 등 집에 수영보다 더 흥미로운 것들이 존재한다.

이 모든 상황들이 어른보다 감정에 솔직한 아이들에게는 수영장에 가기 싫은 충분한 이유가 된다. "머리가 아프다" 등의 핑계는 아이들 스스로가 가기 싫은 특정한 이유를 숨기고 있거나, 현재 자신이 하는 행동이 자기 스스로 생각해도 잘못된 것이라는 사실을 알고 있기에 그것으로 인해 부모가 실망하지 않기를 바라는 마음에서 아이들만의 방법으로 합리적인 이유를 찾은 것이다.

이런 상황에서 부모가 강제적으로 하고 싶은 것들을 하지 못하게 하거나, 특정한 원인을 해결해주지 않은 채 무작정 수영을 시키면 아이들은 반발하면서 떼를 쓰는 행동을 보이기도 한다.

하고 싶지 않은데 부모의 선택에 의해 어쩔 수 없이 수영을 시작하여 수영에 대해 흥미를 갖지 못한다면 결코 수영은 아이들에게 좋은 기억으로 남기 힘들다. 하기 싫은 마음이 크게 자리하여 수영을 배울 마음이 준비되어 있지 않았다면 수영 레슨 시간의 효율성은 현저히 떨어지게 마련이다. 이런 경우 수영 강사뿐만 아니라 아이와 부모 모두 힘들어지고, 결국 부모는 지쳐서 수영 레슨을 포기하게 되는 상황이 발생할 수 있음을 염두에 두어야 한다.

아이가 핑계를 대는 것 같다면 왜 그런지 이유를 알기 위해서 담당 수영 강사와의 상담이 필요하다. 또한 이때 아이와의 지속적인 대화를 통해서 함께 문제를 해결해나가는 것이 무엇보다 중요하다. 이렇게 문제를 해결함으로써 아이가 편안한 마음으로 즐겁게 수영 레슨을 받을 수 있고, 레슨 시간이 재미있어지면 시너지 효과를 얻어 아이들의 수영 실력도 상승하게 된다.

만약 아이가 TV 보기나 게임, 장난감놀이 등 다른 것들을 너무 하고 싶어서 수영을 가지 않으려고 한다면, 부모는 아이가 그런 것들을 아예 하지 못하도록 막기보다는 할 수 있는 시간을 정해놓고 그 시간 내에서만 할 수 있도록 가르치는 것이 바람직하다.

어린이 수영 레슨과 관련하여 어떤 문제가 생긴다 하더라도 담당 수영 강사와 상담을 한다면 아이의 상태에 따른 근본적인 문제의 원인을 보다 쉽게 찾을 수 있다.

## 쉽게 빨리 결과를 얻으려는 욕심을 버려라

초등학교 1학년인 상현이와 진성이, 현지가 수영을 배우기 위해 들어왔다. 세 명 모두 처음 수영을 배우는 아이들로서 부모님들과의 상의 끝에 함께 수영을 시작하도록 한 것이다.

수영 레슨을 진행하면서 세 명의 아이들은 모두 다른 특성을 가지고 있었다. 상현이는 몸에 유연성은 없으나 수영을 좋아하고 즐기는 노력형의 남자아이였고, 진성이는 수영 감각은 있으나 체력과 호흡이 부족하고 의지가 다소 약한 친구였다. 그에 비해 현지는 유연성은 좋으나 물에 대한 공포심이 있어서 얼굴에 물이 닿는 것을 극도로 두려워하고 또 얕은 물속에서 걷는 것조차 무서워하던 여자 어린이였다. 그래서 세 어린이는 같이 수영을 시작했어도 신체 구조와 특성이 다르므로 진도나 자세가 다 똑같을 수는 없었다.

한 달쯤 되었을 때 세 아이의 부모님이 아이들의 수영하는 모습을 보고 이렇게 물었다.

"선생님, 왜 우리 아이들 진도가 다 다른가요?"

함께 시작하고 배웠는데 왜 서로 진도가 다른지 궁금하다는 것이었다.

상현이와 진성이는 물놀이를 좋아하고 물에 대한 두려움이 없었기 때문에 호흡하기 위한 과정으로 빨리 진도를 나가게 되면서, 각자 유연성과 체력은 다소 떨어지더라도 자유형의 기초를 배우기까지 크게 어려움이 없었다. 그러나 현지는 물에 대한 두려움 컸기 때문에 물 적응 단계가 필요했다. 발차기를 하기 위해서는 킥보드 kickboard 를 잡고 바닥에서 발을 떼는 것이 어려워서 일주일 동안 물속 걸어다니기를 반복하고, 담당 수영 강사가 지속적으로 잡아주는 과정을 통해서 발차기를 조금씩 시작할 수 있었다. 현지는 긴장해서 몸이 많이 경직되었지만, 몸이 유연하지 않을 것이라 우려했던 것과는 달리 발목의 유연성이 좋아 발차기의 추진력을 만들어냈다. 아직 물에 대한 두려움을 완전히 극복한 것은 아니었지만, 천천히 현지가 적응할 수 있도록 시간을 두고 수영을 배운다면 충분히 잘할 수 있는 아이였다.

현지는 발차기를 곧잘 했다. 그러나 한 달이 다 되어도 물에 얼굴 넣는 것을 두려워했다. 세숫대야에 물을 받아놓고 스스로 얼굴을 집어넣는 연습을 해오는 것을 과제로 내주기도 했고, 아이들과 물장구를 치며 얼굴에 물이 자연스럽게 닿도록 유도했다. 물론 이런 과정들 없이, 즉 개인적 특성을 고려하지 않고 강제적으로 잠수하도록 하여 물속에서 호흡하게 하는 등 평균적인 수영 레슨 진행 속도에 맞춰서 진도를 빨리 나갈 수 있었다. 그러나 간혹 어렵고 두려운 부분에 대해서 고려하지 않고 강압적으로 가르치는 것에 대한 부작용으로 수영을 하지 않으려는 어린이들을 많이 봐왔기 때문에 필자는 어린이 스스로 얼굴을 물에 넣어 잠수할 수 있도록 유도하고, 점차적으로 물에 대한 노출을 늘리는 방법을 선택했다. 나는 부모님과 수영 레슨에 관해 상담하면서 아이들마다 진도가 다를 수밖에 없다는 것을 사전에 충분히 설명해드리고, 충분히 시간을 가지고 아이가 스스로 용기 있게 할 수 있을 때까지 기다려야 함을 강조했다.

드디어 6개월 뒤, 상현이와 진성이 그리고 현지의 수영 진도가 거의 비슷해졌다. 상현이는 수영을 배우면서 유연성이 많이 향상되었고, 진성이는 호흡과 체력이 많이 좋아졌다. 현지도 처음 진도는 두 아이 상현이와 진성이보다는 느렸지만 환경에 적응하고 잠수에 재미를 붙인 뒤에는 다른 아이들의 진도를 빠르게 쫓아가서 거의 비슷해졌다. 물론 수영 자세나 체력, 속력 면에서는 모두 같지 않았다.

모든 어린이가 배우는 속도나 기간이 동일하게 1개월이면 자유형, 2개월이면 배영 등 부모나 강사가 생각한 대로 실력이 쑥쑥 늘어나면 아무런 고민이 없을 것이다. 하지만 어린이들은 각자 다른 심리적·신체적 조건들을 가지고 있기 때문에 배우는 속도가 다를 수밖에 없다는 사실을 부모는 인정하고 받아들여야 한다.

비슷하게 수영 레슨을 시작한 다른 아이가 내 아이보다 수영을 잘하고 빠르다고 부러워할 필요는 없다. 사람마다 특징이 다르듯, 배우는 방법과 시기도 제각각 다르기 때문에 서로 비교하는 것은 전혀 도움이 되지 않는다. 자녀가 잘 적응하여 스스로 자신감이 생길 때까지 믿고 기다리는 자세가 필요하다.

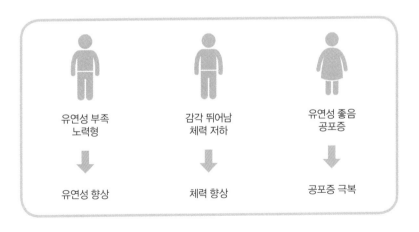

## 🤿 부모의 욕심은 아이에게 스트레스다

수영은 원래 스트레스 해소에 많은 도움이 되는 운동이다. 특히, 어린이 수영은 아이의 스트레스를 해소하고 아이가 즐거움과 흥미를 느낄 수 있게 적절한 놀이와 자신의 수준에 맞는 진도와 강사의 수영 레슨 방법을 통해서 아이가 스트레스를 받지 않고 수영을 계속해서 해나갈 수 있도록 해야 한다. 그러나 부모의 욕심이나 지나친 기대치가 아이들을 괴롭히기도 하고, 또한 수영이 즐거움이 아니라 또 하나의 사교육으로 이어진다면 아이들에게 스트레스에 대한 가중은 더욱 커질 것이다.

어린이를 전문적으로 가르치는 수영 강사는 수영 레슨에 직접적으로 영향을 끼치는 사람으로서 아이의 실력을 누구보다 쉽게 파악하고 있으며, 아이의 컨디션이나 능력에 따라 수영 레슨의 수위를 조절한다.

그러나 부모는 그렇지 않은 경우가 많다. 아이의 상태를 잘 파악하지 못한 부모는 스스로 다른 아이들의 실력과 비교하며 스트레스를 받고, 그 스트레스는 고스란히 아이들의 몫이 된다.

부모와 수영 상담을 하다 보면, 아이의 실력을 인정하고 받아들이는 부모가 있는 반면, 강사의 실력을 비판하는 부모님들이 종종 있다. 그래서 부모님의 압박으로 인해 아이의 즐거움과 현재 수준보다 아이의 진도에 초점을 두어 진도에 연연하다 보면, 아이가 소화할 수 있는 수준보다 높게 수영 레슨을 진행하게 된다. 그러나 이러한 진행은 아이에게 극심한 스트레스로 작용하여 금방 힘들어하고 지치게 된다. 수영이 더 이상 즐거운 운동이 아닌 스트레스의 대상이 되어 버려 좋지 않은 기억으로 남게 된다.

'어린이 수영'은 유치부나 초등부 아이들을 대상으로 한 수영을 말한다. 아직 성장기에 있는 이 아이들을 수영을 잘한다 못한다고 판단하기에는 사실 너무 어린 나이다. 좀 더 커봐야 아는 것이고, 좀 더 수영을 해봐야 아는 것이다.

어릴 때부터 꾸준히 하다 보면 없던 재능도 만들어질 수 있다. 그러므로 담당 수영 강사와 충분한 상담을 통해서 아이의 현재 실력을 인정하고, 현재 아이가 가진 바로 그 아이의 실력으로부터 부모가 스트레스를 받지 않는 것이 중요하다.

## 🤿 환경에 따라 아이의 행동은 변화될 수 있다

신체적으로 활동이 활발한 수영을 접하게 되면서 평소 조용하고 내성적이던 어린이가 자신감을 갖게 되어 적극적인 모습을 보이기도 하지만, 적극적이고 매우 활발했던 아이가 반대로 낯선 환경에서 안전이 요구되는 수영을 배우면서 일시적으로 소극적인 모습을 보이기도 한다. 이처럼 수영은 아이에게 새롭고 낯선 환경을 제공함으로써 두려움으로 다가올 수도 있지만, 새롭게 시작할 수 있는 좋은 기회가 되기도 한다.

수영을 배울 때 물속에서 느껴지는 편안함이나 물을 강하게 내려 차는 발차기 동작 등을 통해서 상승하는 엔돌핀이 아이들의 기분을 좋게 만들고, 스트레스를 해소하도록 도와준다. 그러나 간혹 내성적이고 소극적인 아이들이 가정환경이나 친구 관계, 학업, 왕따 등 가정이나 학교, 유치원 등에서 스트레스로 작용했던 다양한 일들에 대한 감정을 표출하지 못하고 있다가 수영을 하면서 억눌렸던 분노를 잘못된 방법으로 표출하기도 한다.

수영을 배우며 자신감이 생기고 수영장이란 낯선 환경에 적응하면서 다른 환경에서 받았던 스트레스를 자신보다 늦게 수영을 시작하거나 약하다고 생각되는 어린 친구들을 때리고 괴롭히면서 폭력적 형태로 자신의 스트레스를 해소하는 것이다. 이렇게 폭력성을 보이는 아이의 잘못된 표출 방법은 오히려 더욱 큰 스트레스로 작용하게 될 가능성이 있다. 또한 이 스트레스는 다른 아이들에게도 똑같이 2차적인 정신적·육체적 피해로 이어지게 된다.

아이의 폭력성에 대해 어른들이 무조건 체벌을 가하거나 꾸지람을 하면 그 효과는 일시적일 뿐만 아니라 오히려 반발심을 사게 되는 경우가 많다. 아이는 점점 쌓여가는 스트레스로 인해서 자신의 감정을 조절할 능력을 점점 상실하는 상황을 발생시키는데, 이는 아이의 성장에 부정적인 영향을 초래한다. 그렇기 때문에 만약 내 아이가 수영장 담당 수영 강사로부터 폭력성을 보인다는 연락을 받았다면, 체벌이나 꾸짖기보다는 아이 자신의 폭력적인 행동들이 왜 위험한 것인지, 입장을 바꿔서 다른 아이가 자신을 그렇게 괴롭힌다면 어떨지 등 아이가 그 경우를 충분히 인지할 수 있도록 심도 깊은 대화를 나눈 것이 좋다.

수영장은 안전 및 생명과 직결된 장소로서 아이가 표출하는 폭력성은 부모가 생각하는 것 이상으로 매우 위험할 수 있다. 대부분의 아이들은 자신이 하는 행동이 상대방에게 얼마나 위험한 상황을 발생시키는지 알지 못하기 때문에 아이가 잘 알아들을 수 있도록 이해시킨다면 충분히 변화될 수 있다.

수영장 폭력이나 괴롭힘의 유형

- 물속으로 밀어서 넘어뜨린다.
- 머리를 물속으로 눌러서 나오지 못하게 한다.
- 욕설을 하면서 물을 얼굴에 확 뿌린다.
- 입안에 물을 머금은 후 다른 사람의 얼굴에 확 뱉는다.
- 수영모나 물안경을 억지로 벗겨서 멀리 던져버린다.
- 수영 레슨 도중에 수영을 못하게 막거나 때리고 도망가버린다.

만약 부모와 담당 수영 강사의 노력에도 불구하고 아이의 폭력성에 전혀 변화가 없고, 또 수영장에서뿐만 아니라 평소에도 갑자기 폭력성이 잦아진다면, 사태의 심각성을 인지하고 치료하도록 노력해야 한다. 이것을 간과하면 나중에 성장했을 때 더욱 큰 문제로 확대될 수 있으며, 또 당장 수영장에서는 더욱 큰 사고로 이어질 수 있기 때문에 그대로 두면 위험하다. 부모는 자신의 아이가 폭력적인 성향을 가졌다는 사실을 부정하기보다는 현실을 그대로 인정하고 받아들이는 것이 문제 해결의 첫걸음이 된다.

아이를 치료하기 위해 어린이 심리상담센터를 이용하는 것도 좋은 방법이다. 놀이치료, 미술치료 및 상담치료 등을 통해 그동안 아이의 마음속에 쌓였던 스트레스를 표출해내어 해소하고 치료해 가도록 하고, 폭력적인 마음을 갖게 된 원인을 찾아서 해결해가다 보면 점점 변해가는 아이의 모습을 볼 수 있을 것이다.

**대표적인 국내 어린이 심리상담센터**

· 허그인 아동청년심리연구센터(www.hugin.co.kr)

· 마인드원 심리상담센터(www.mindone.kr)

· 밸런스브레인 아동심리상담센터(www.balancebrain.co.kr)

위의 심리상담센터들은 전국에 분포되어 있고, 인터넷을 이용하면 쉽게 찾을 수 있으며, 온라인으로도 심리상담이 가능하다. 이외에도 각 지역마다 심리센터가 있으므로 아이에 대한 정확한 진단과 치료를 위해서는 직접 아이와 함께 방문해서 상담받는 것이 더욱 도움이 될 것이다.

### 배우는 횟수로 아이의 실력을 결정하지 마라

요즘 많은 부모들이 어린이들의 방학 기간을 겨냥하여 방학 특강 수영 프로그램에 등록해서 보내는 경우가 많다. 학기 중에는 대개 신체적인 활동보다는 각종 과제나 다른 사교육 활동, 즉 공부에 더 시간 비중을 두는 부모들이 많기 때문이다.

특히, 2014년 4월 16일 세월호 참사 이후, 초등학교에서 생존수영 교육이 의무화되면서, 부모들이 자녀에게 수영을 가르쳐야겠다는 필요성을 느끼면서 평상시보다 시간적으로 여유롭고 또 집중적으로 수영을 배울 수 있기 때문에 방학 기간을 선호하는 것이다. 그러나 방학 동안에 이루어지는 스파르타식 수영 레슨이 아이들에게 마냥 효과적인 것만은 아니다. 스파르타식 수영 레슨으로 인해 한 달 만에 눈에 띄게 실력이 급상승하는 아이들도 있지만, 적응하는데 시간이 필요해서 방학이라는 짧은 기간 내에 부모가 생각하는 만큼의 실력을 기대하기 어려운 아이들이 생각보다 많기 때문이다.

이러한 현실에도 불구하고 내 아이는 남들과 다르고 특별할 것이라는 높은 기대감에 차서 방학 동안 수영 레슨을 시켜보고 실망하는 부모들이 적지 않다. 그러나 그것은 아이의 잘못도, 또 가르치는 담당 수영 강사의 무능함 때문도 아니다. 다만, 부모가 목표나 계획을 아이의 실제 기량보다 높게 측정했을 가능성과 부모가 기대한 것과 현실이 많이 다르기 때문이다.

"선생님, 우리 아이는 방학 특강을 벌써 세 번째 등록하는 건데 왜 자유형을 완주도 못할까요?"

어느 날, 초등학교 1학년 남자 어린이의 어머니로부터 이런 전화를 받았던 적이 있다. 자유형을 하다 왜 아이가 계속 거기서 멈추는지, 담당 수영 강사의 지도력에 문제가 있는 것인지 이유를 모르겠다며 답답하다고 연락했던 것이다.

방학 특강을 기간으로 따지면, 2회 등록으로 약 8주 정도 되는데 부

모의 목표 설정은 8주 동안 자유형을 마스터하는 것이었다. 그런데 그 기대에 미치지 못해 실망스럽다는 것이었다. 그러나 부모님들이 모르는 것이 하나 있다. 적응 기간이 필요한 아이들이 있다는 것이다. 그래서 부모나 담당 수영 강사의 예상대로 움직여주지 않는 것이 현실이다.

첫 번째 방학 특강 때는 한 달 동안 새로운 수영장 환경과 물에 대한 두려움을 극복하는 기간이 필요했고, 두 번째 방학 특강 때는 짧은 호흡과 체력, 자유형 기초에 대한 팔과 어깨의 유연성을 기르는 단계에 시간을 썼던 것이다. 물에 대한 두려움을 많이 극복했다고는 하지만 새로운 동작을 배우게 되면 아이들은 또다시 긴장하기 마련이다.

또한 아이가 영법을 완전히 마스터하기 전까지 일정한 기간 동안 지속적으로 수영 레슨을 받아온 것이 아니라 겨우 한 달의 수영 레슨 후 3~4개월의 긴 공백 기간이 있었고, 수영을 배우기 시작한 지 얼마 되지 않은 어린이로서는 당연히 앞서 배웠던 영법을 잊어버렸을 가능성도 있고, 또 체력이 떨어졌음도 배제할 수 없다. 물론 한 번 배웠던 동작들이기 때문에 다시 배우게 되면 몸이 기억하고 있어 이전보다는 영법을 행하는 속도가 빠를 수 있지만, 적응하는 만큼의 시간은 소요될 수 있다. 수영을 배우다가 중단하는 패턴의 반복은 모든 영법을 마스터하는 과정을 '지연'시키기 때문에 전체적인 수영 레슨 기간상으로 봤을 때 어린이들로 하여금 배우는 기간을 더 오래 걸리게 한다.

수영은 지속적으로 같은 동작을 반복연습하면서 폐활량과 지구력이 늘어나고, 각종 영법에 필요한 근력과 체력이 좋아지면 실력도 향상된다. 따라서 반복연습 없이 수영하는 방법만 배웠다고 해서 아이의 수영 자세가 좋아지는 것도 수영을 잘하게 되는 것도 아니다.

내 아이에게 수영을 단시간에 배우게 하겠다는 욕심을 버리고 아이의 건강을 위해 한 단계씩 차근차근 재미있게 수영할 수 있도록 목표를 설정하고, 장기적으로 계획을 세워야 한다.

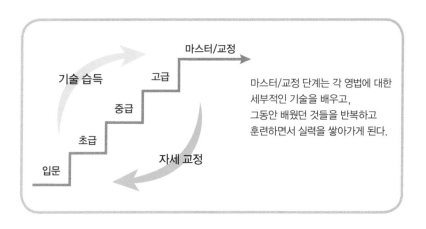

## 🤿 건강한 자존감을 만들어 주어라

아이들이 수영을 배울 때 가장 필요한 것은 어른들의 관심이다. 수영 레슨이 시작되어 점점 실력이 늘어가고 있을 때 이전보다 힘든 과제가 주어지거나 작은 변화에 대해서 부모나 담당 수영 강사가 긍정적인 반응을 해주면 아이는 자기 자신에 대한 믿음과 자신감이 길러진다.

그러나 이와 반대로 아이에게 잘하지 못한다고 이야기하거나 비판 등 부정적인 피드백을 해주면 아이의 자존감 결핍을 초래할 수 있다. 이렇게 형성된 낮은 자존감은 아이를 더욱 소극적이게 만들어 수영 레슨의 효과를 떨어뜨린다.

아이가 수영뿐만 아니라 어떤 것을 배우든 칭찬을 통해 스스로 가치 있는 존재라 느끼도록 하여 자기 자신을 존중하고 사랑하는 마음을 갖도록 해야 한다.

비록 잘하지 못하더라도 최선을 다할 때 엄지손가락을 들어 "최고!"라는 표현을 해주고, 못한다고 비판하기보다는 잘할 수 있다고 격려해준다면 아이는 자신감을 갖게 되고 수영 레슨의 시너지 효과뿐만 아니라 바람직한 자존감 형성에 큰 도움이 된다.

## 🤿 사소하더라도 발전하고 있다면 아낌없이 칭찬하라

긍정적인 말과 칭찬은 조금 잘하지 못하더라도 아이들 스스로 최선을 다하게 만들고, 수영하기 싫어하는 아이들의 행동 또한 변화시킬 수 있다.

### 수영장에서 수영 강사가 칭찬하는 법

"어제보다 오늘은 실력이 더 늘었구나!"

"잘하고 있어. 아주 좋아!"

"지금도 잘하고 있지만, 이렇게 자세를 바꾼다면 더 멋있을 거야!"

### 집에서 부모가 칭찬하는 법

"선생님이 오늘 열심히 잘했다고 전화하셨어."

"와~ 열심히 하더니, 정말 많이 늘었구나!"

"자신 있게 하는 모습이 너무 멋있어!"

칭찬은 곧 '관심'이자 아이들에게 '심리적 보약'이다. 제대로 칭찬을 하려면 아이를 긍정적인 시각으로 관심 있게 바라봐야 한다. 그렇게 해야만 아이들의 발전하는 모습이 눈에 보이고, 아이가 어떤 부분을 잘하고 또 어떤 부분은 잘 안 되는지 파악할 수 있어 진심으로 칭찬해 줄 수 있다. 부모의 관심이 곧 아이의 실력이 될 수 있는 것이다. 사소한 것들도 아이들에게 할 수 있는 칭찬의 재료가 되고, 이런 칭찬이 수영에 대한 자신감과 긍정적인 생각을 갖도록 한다.

   그러나 아이를 칭찬할 때 올바르게 해야 한다는 점도 명심해야 한다. 다른 아이들과 비교하며 칭찬하는 잘못된 칭찬 방법은 아이들에게 자만심을 심어줄 수 있어 오히려 독이 될 수도 있다.

---

**잘못된 칭찬 방법**

"옆 반에 있는 네 친구보다 네가 더 잘하는 것 같다."

"네 형은 못하는데 너는 잘하네."

"우리 반에서 네가 제일 잘해."

---

**잘된 칭찬 방법**

"어제는 호흡이 잘 안 되었는데, 오늘은 많이 고쳐졌구나."

"예전보다 체력도 많이 늘고, 발차기가 많이 강해졌구나."

---

   아이의 수업 태도나 실력 등 이전의 행동과 비교하여 구체적이고 아이가 이해할 수 있도록 연습 과정과 결과를 함께 칭찬해야 아이 스스로 왜 자신이 칭찬을 받았는지 인식하게 되고, 또다시 칭찬을 받기 위해 스스로 노력하는 어린이가 될 수 있다. 사소한 부분일지라도 올바른 칭찬 방법을 통해 관심을 가지고 있다는 표현을 아이에게 전해보자. 아이의 수업 태도와 실력이 나날이 변화될 것이다.

## 세뇌시키기

못한다고
부정적인 말을 하는 아이들에게
끊임없이 "너는 할 수 있어!"라는
긍정적인 말을 해주도록 하라.

이 말을 수없이 듣다 보면
어느새 아이는 "나는 할 수 있어!"라고
생각하게 될 것이다.

# 결과보다 과정을 중요하게 생각하라

🤿 긍정적 부모 vs 부정적 부모

몇 달째 진도를 못 나가고 있는 아이를 보면 솔직히 너무 답답하다. '왜 저걸 못할까?' 의아스럽기도 하고, 매번 수영장에 올 때마다 똑같은 동작을 반복하고 있는 것이 왠지 담당 수영 강사의 능력 탓인 것 같아 마음이 안 좋다. 하지만 직접 배워보지 않으면 그 어려움을 모른다. 다른 아이들이 능숙하게 하는 것을 보면 쉬워 보이지만 그 단계까지 갔다는 것은 나름대로의 노력과 반복된 연습 끝에서 나온 결과이다.

부정적인 부모들은 보통 성격도 급하고, 포기도 빠르며, 칭찬에도 인색하다. 배운 지 아직 한 달밖에 안 되었는데 자유형을 완주하기를 바라고, 석 달 정도밖에 되지 않았는데 드라마틱한 멋진 자세가 나오길 바란다. 한 달이 지나고 두 달이 지나 시간이 흐름에 따라 점점 더 욕심이 많아진다. 다른 아이들과 비교해볼 때 내 아이가 뒤처지는 게 싫어서 아이를 채찍질한다. 아이가 수영을 즐거워하고 재미있어 하도록 하는데 관심을 두는 것이 아니라, 오로지 눈에 보이는 수영 레슨 진도와 자세, 결과에만 집중한다.

부정적인 부모들은 혹시 자신의 바람이나 꿈을 아이를 통해 대신 실현해 나가려고 하는 것은 아닌지, 또 아이에게 수영을 배우도록 하는 진짜 이유가 무엇인지 진지하게 생각해봐야 한다. 부모가 욕심을 부리다 보면 아이에게 수영을 배우도록 해놓고 조급하게 지켜보다가 실제로 배우는 당사자인 아이보다 부모가 먼저 단념하거나 포기해버리는 말도 안 되는 일도 벌어진다.

그에 비해 긍정적인 부모는 칭찬에 결코 인색하지 않다. 아이가 잘 못하거나 소질이 없다는 생각이 들어도, 아이가 열심히 하면 칭찬해주고, 힘들어할 때는 위로와 격려를 해준다. 그리고 아이가 배우는 것을 관심있게 지켜보면서 그 변화 과정을 기억해두고, 수영 레슨을 다녀온 후 아이의 감정에 부정적인 변화가 있을 때는 담당 수영 강사와 직접 상담을 통해서 의논하고 해결해 나가려는 노력을 한다.

이러한 부모의 긍정적인 생각과 행동은 아이가 수영을 배우는 데 있어서 긍정적인 생각을 갖게 한다. 만일 자신이 부정적인 생각을 많이 하는 부모라면 아이가 즐겁게 수영을 배울 수 있도록 하기 위해서 스스로 자신의 태도를 바꿀 필요가 있다.


## 부정적인 아이를 긍정적인 아이로 변화시켜라

부모의 부정적인 생각과 말은 어느새 아이에게 전이되어 부정적인 아이로 변화시킨다. 이것으로 인해 부정적인 말을 내뱉는 아이들은 실패에 대한 두려움을 가지게 되며 자신감과 자존감이 낮을 확률이 높다. 할 수 있다는 자신감이 있어야 수영을 배울 때 적극적으로 활동하게 된다.

"무서워서 나는 수영 못해."
"못하니까 수영하기 싫어."
"실패하면 어떡하지?"

부정적인 말은 결국 부정적인 결과를 낳는다는 것을 아이에게 일깨워줘야 한다. 아이들 스스로 변하려는 노력도 물론 중요하지만 부모와 담당 수영 강사가 부정적인 생각을 긍정적인 생각으로 바꾸어주려고 노력해야 하고, 부모와 담당 수영 강사 또한 긍정적인 생각과 말을 해야만 아이도 자연스럽게 변하게 된다. 이처럼 아이에게 노출된 환경이 가장 큰 영향력을 미친다.

이제 막 수영을 시작하는 아이들이 무서워하거나 수영을 싫어한다면, 할 수 있다는 자신감을 북돋아 주는 긍정적인 말을 많이 해주는 것이 좋다. 어른들의 말 한마디에 긍정의 힘을 얻어 아이들은 앞으로 어떤 일을 하든지 "할 수 있다"는 자신감과 꿈을 갖게 된다.

## 상담은 수영 레슨만큼 중요하다

초등학생이나 중고등학생의 경우는 친구들에 의해 수영에 접하게 되는 경우도 있지만, 대부분의 유아나 어린이는 부모에 의해서 수영에 입문하게 된다.

이렇게 아이를 수영에 입문 시킨 후 부모들은 맞벌이 등으로 바쁘다며 아이들의 수영 레슨 과정에 대해 관심을 갖고 이해하는 것이 아니라, 일정한 기간이 지나면 어디까지 수영 레슨이 이루어졌는지 그 결과만을 중요시하는 부모들이 상당히 많다.

'3개월쯤 되었으니 당연히 배영이나 평영까지는 하겠지.'
'이 정도 수영을 배웠으면 실력은 상급이 될 거야.'

이렇게 기대하고 있었는데 막상 담당 수영 강사와 상담을 해보니 기대 이하여서 실망한 경우도 있을 것이다.

실망하는 부모들은 대부분 아이가 수영을 시작한 후 배우는 과정에 대해서 잘 알지 못한다. 수영장 환경에 아이가 잘 적응했는지, 물을 두려워하거나 수영 레슨을 힘들어하지는 않는지 항상 관심을 가지고 살펴봐야 하는데, 그렇지 않아서 아이에 대해 잘못 알고 있는 것이다. 관심을 가지고 아이와 대화하면서 힘들거나 재미있었던 부분들을 부모가 아이와 함께 공감하면서 내 아이가 적응해가는 기간과 시간에 대해 이해하게 된다.

만일 부모가 시간적으로 여유가 된다면 아이의 수영 레슨 과정을 한 번씩 지켜보는 것도 좋다. 그러나 여건이 되지 않는다면 담당 수영 강사와 상담을 통해서 아이의 적응 상태나 수영 레슨 진행 과정에 대해 이해하는 것이 많은 도움이 된다.

지피지기 백전백승 知彼知己 百戰百勝. 적을 알고 나를 알면 백 번 싸워서 백 번 이긴다고 했다. 상담을 통해 서로를 알 수 있고, 아이에 대한 정보를 얻게 되므로 수영 레슨의 질 또한 높일 수 있다.

'수영을 배운 지 꽤 되었는데 왜 저 정도밖에 안 되지?'
'다른 아이들과 똑같이 시작했는데 왜 내 아이만 진도가 늦을까?'

이런 생각들은 아이의 상황을 전혀 이해하지 못하는 부모의 착각일 뿐이다. 수영 레슨 진행 과정을 모른 채 무작정 다른 아이들과 비교하게 되면 아이들은 수영에 대해 극심한 스트레스를 받게 된다는 사실을 명심해야 한다. 이런 스트레스는 서서히 아이와 수영을 떼어놓는 결과를 초래한다.

수영장에 처음 왔을 때 내 아이가 어느 정도 수준에서 수영을 시작하는지, 수영을 배우는 단계를 하나씩 넘어갈 때마다 어떤 과정과 힘든 점이 있는지 상담을 통한다면 쉽게 알 수 있다. 이런 상담을 통한 관심은 자녀의 수영 레슨 진도가 느릴 때도 그것을 이해할 수 있는 근거가 된다.

부모와 아이, 그리고 담당 수영 강사 간에 서로 마음을 이해하지 못하면 수영 레슨이 오래 유지될 가능성이 낮다. 따라서 지속적으로 상담을 하면 수영 레슨 목표와 방향을 함께 설정할 수 있고, 수영 레슨을 받는 아이들의 버릇이나 문제 행동 또는 아이가 수영을 배우면서 발생하는 부모와 담당 수영 강사의 고민을 서로 공유하게 되면서 어려운 상황에 부딪혔을 때 좀 더 쉽게 해결할 수 있다.

## 🤿 아이에게 수영을 배우도록 하는 부모의 진짜 마음

"선생님, 언제쯤이면 우리 아이가 수영을 다 배울까요?"

이렇게 문의하는 부모들은 대부분 수영을 어느 정도 배웠다고 판단되는 순간, 수영 레슨을 중단하고 다른 것을 배우기 시작하는 경우가 많다.

아이에게 수영을 배우도록 하는 부모의 진짜 목적은 무엇일까?

수영장에 수영을 배우러 오는 이유는 각자 다 다르다. 성인의 경우에는 살을 빼기 위해서, 평생 운동 삼아 건강관리를 하기 위해서, 자기만족을 위해서, 재활 치료를 위해서, 인생의 활력소를 얻기 위해서 등등 수영을 선택하는 이유가 다양하다. 그에 비해 어린이 수영은 단순한 물놀이나 즐거움이 아닌 부모의 선택에 의해 시작하거나 친구들을 통해 알게 된 후 친구와 함께하고 싶어서 시작하는 것이 대부분이다. 특히, 부모에 의해 시작한 아이들은 자신의 목표보다는 부모의 목표가 더 강하게 작용한다. 운동 하나쯤 시키기 위해서, 또는 배워 놓으면 좋다고 하니까 등등 막연한 이유들이 존재한다. 물론 내 아이가 뭐든 잘하기를 바라고, 잘되어 성공하기를 바라는 것은 부모의 본능이기 때문에 그런 생각을 이해 못할 바는 아니다. 대개 대부분의 부모는 자녀의 미래를 위해 유아 때부터 중장기적인 계획을 세운다. 그 계획들 중에 하나가 '수영'인데 부모는 아이들이 빨리 수영을 마스터하고 다른 것으로 전향하여 새로운 것, 다양한 것을 배우기를 바란다. 수영을 아이의 건강과 삶의 질을 높이기 위한 레저 스포츠라고 여기기에는 부모의 계획성이 더 강하여 마음이 조급해지는 것 같다.

수영은 매일 책상에만 앉아 있는 아이들에게 삶의 활력소가 되고, 스트레스를 해소하는 좋은 방법이 될 수 있다. 이제 수영은 한 개인의 특기가 되어 수영 선수만을 꿈꾸던 운동에서 많이 보편화되었고, 꼭 수영대회에 출전시키기 위해 수영을 배우는 것도 아니다.

수영을 통해서 배우는 간접적인 것으로는 아이들이 성장하면서 즐거움, 희망, 좌절, 경쟁 등 많은 것들을 겪으면서 스스로 꿈을 찾아갈 때 어려움이 닥치더라도 이겨나갈 수 있는 힘을 수영을 통해 얻을 수 있다.

과연 내 아이에게 수영을 배우도록 하는 진짜 목적은 무엇인지 진지하게 한번 생각해보자.

'생존수영이 학교 의무교육이라서 시키는 것인가?' 아니면 '단지 주어진 기간과 시간 내에 하나의 기술을 습득한다는 의미로 시키는 것인가?'

# 시간이 약

수영은 스트레스를 해소하기 위한 운동이지,
스트레스를 받기 위해 배우는 게 아니다.


아이들을 압박하지 말고
흥미를 잃지 않도록 만들어야 한다.


꾸준히 수영을 배우는 아이들에게는
차곡차곡 쌓이는 시간이 약이 되고, 실력이 된다.

# 공공 수영장에서 지켜야 할 매너를 교육하라

공공 수영장은 여러 사람들이 이용하는 공공장소이며 또 자칫 방심해서 실수를 하면 큰 사고가 발생할 수 있는 곳이므로 어른, 어린이 할 것 모두 안전요원의 지시를 반드시 따라야 한다.

설사 수영장의 물이 깊지 않더라도 사고의 위험은 항상 존재하므로 자만하지 말아야 하며, 먼저 성인인 부모가 기본적인 공공 예절과 수영장에서 지켜야 할 안전수칙과 이용수칙을 숙지한 후 아이들에게 교육하여 사고를 미연에 예방하는 것이 중요하다.

## 🤿 공공 실내 수영장에서 지켜야 할 안전수칙 13가지

1. 수영하기 전에는 반드시 준비운동을 하고 발끝부터 천천히 입수하도록 한다.

2. 미끄러져 다칠 수 있으므로 수영장에서는 절대 뛰어다니지 않도록 한다.

3. 익사 사고의 위험이 있으므로 친구를 밀어서 물속에 빠뜨리는 등의 위험한 장난을 절대 하지 않는다.

4. 45~50분 정도 수영한 후에는 반드시 10분간의 휴식시간을 취하여 건강을 유지한다.

5. 피부질환이나 전염병이 있는 경우에는 수영장 출입을 제한한다.

6. 구토 발생의 우려가 있으므로 수영하기 한 시간 전에는 음식물을 섭취하지 않는다.

7. 사탕이나 음식물을 입안에 넣은 채로 수영하면 기도를 막아 질식할 위험이 있다.

8. 지도자 없이 다이빙하는 것은 위험할 수 있다.

9. 대형 튜브나 오리발 등의 수영용품은 사용하지 않는다.

10. 샤워장에서 보디오일을 사용하면 미끄러지는 상황을 발생시키므로 사용하지 않도록 해야 한다.

11. 수영 중 몸의 이상을 느끼면 수영을 중단하고 체온을 따뜻하게 유지해야 한다.

12. 어린이들의 기절놀이나 장시간 잠수놀이 등 위험한 놀이는 금지한다.

13. 안전요원의 시야에서 벗어나지 않도록 해야 한다.

**공공 실내 수영장의 이용수칙 9가지**

1. 수영장의 수질과 쾌적한 수영을 위해서 반드시 샤워를 한 후에 입장한다.

2. 자외선 차단제나 보디오일을 바른 후 수영장 물속에 들어가면 수영장 물을 오염시키므로 입장을 금지한다.

3. 수영장 내에서 소변을 보거나 코를 풀거나 침을 뱉지 않도록 한다.

4. 수영복과 수영모를 반드시 착용한다.

5. 수영장 내에 음식물을 반입하지 않는다.

6. 분실의 위험이 있으므로 반지나 귀걸이 등 액세서리를 착용하지 않는다.

7. 공공시설이나 물건들은 여러 사람이 함께 사용하는 것이므로 아껴서 쓰도록 한다.

8. 분실되지 않도록 각자가 자기 개인 물건을 잘 챙기도록 한다.

9. 안전을 지키기 위하여 안전요원의 지도나 감독에 반드시 따라야 한다.

왜 수영장 물속에서 몰래 소변을 보면 안 되는 걸까?

많은 사람들이 수영장에 가서 수영할 때 눈이 따갑고 충혈되는 경험을 하는데, 그것을 수영장을 소독하느라 사용한 수영장 물에 섞인 화학물질 때문일 거라고 막연하게 추측한다. 하지만 그것은 사실과 다르다. 사실은 사람들이 몰래 물속에서 누었던 '소변'과 화학물질이 반응하여 독성이 생겼기 때문이다. 즉, 수영장에서 눈이 따갑고 충혈되는 것은 단순히 수영장 물을 소독했던 화학물질 때문은 아닌 것이다.

『환경과학기술 *Environmental Science and Technology*』이라는 학술지에 보고된 내용에 의하면, 소변의 요산(uric acid)이 염소(chlorine)와 반응하여 염화시안(cyanogen chloride)이라는 기체를 만들어내고, 이것이 다시 트리클로라민(trichloramine)이라는 독성을 만든다고 한다.

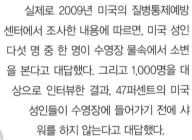

실제로 2009년 미국의 질병통제예방센터에서 조사한 내용에 따르면, 미국 성인 다섯 명 중 한 명이 수영장 물속에서 소변을 본다고 대답했다. 그리고 1,000명을 대상으로 인터뷰한 결과, 47퍼센트의 미국 성인들이 수영장에 들어가기 전에 샤워를 하지 않는다고 대답했다.

하지만 이렇게 하면 수영장 물이 오염되어 오히려 건강을 해치는 결과를 나을 수 있으므로 수영장에 들어가기 전에는 반드시 화장실에서 소변을 보고, 또 반드시 샤워를 한 다음 수영장을 이용하여 올바른 수영장 문화가 이루어지도록 각자 노력해야 한다.

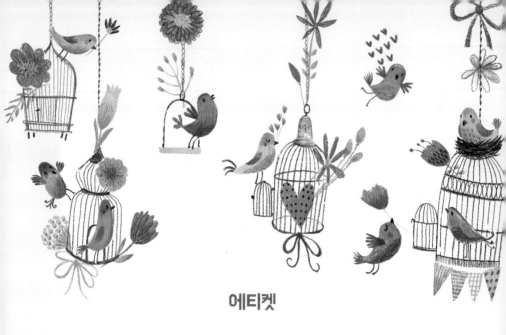

## 에티켓

입수하기 전에는 반드시
샤워를 하고
머리를 감고
이를 닦는다.


소변은 반드시 화장실에서!!!


We don't swim in your toilet.
Don't pee in our pool.
우리는 당신의 화장실에서 수영하는 거 아니에요.
제발 우리 수영장에서 오줌 누지 마세요.

## 🤿 물놀이 및 여름철 안전사고 예방법 18가지

우리나라 국민안전처에서는 어린이들이 특히 위험해지는 여름철에 대비하여 물놀이 및 여름철 안전사고를 막기 위해서 다음 18가지 예방법을 제시하고 있다.

1. 물에 들어가기 전에는 반드시 준비운동을 하고, 심장에서 먼 곳부터 몸에 물을 적신다.

2. 물놀이는 물 깊이가 배꼽 아래까지 오는 곳에서 하도록 하고, 보호자의 관찰이나 안전요원이 있는 곳에서 한다.

3. 수영장이 아닌 하천 등은 바닥이 불규칙하고 깊게 팬 곳이나 깊은 뻘층이 있을 수 있으므로 가급적 물놀이를 하지 않도록 한다.

4. 몸에 맞는 구명조끼를 입고, 갑갑하더라도 구명조끼의 끈이나 지퍼를 제대로 채워야 한다.

5. 물놀이 도중 소름이 돋고 피부가 땅기거나 몸이 떨리고 입술이 파래지면 저체온증이 의심되므로 반드시 물놀이를 중단하고 옷이나 수건 등으로 몸을 따뜻하게 감싸고 휴식을 취한다.

6. 수영할 때 껌을 씹거나 음식물을 먹으면 질식의 위험이 커지므로 반드시 주의해야 한다.

7. 수영 중에 비가 오거나 천둥 또는 번개가 치면 낙뢰의 위험이 있으므로 물에서 즉시 나와야 한다.

8. 음식물을 먹은 직후 바로 물에 들어가지 않도록 한다.

9. 물속에 뾰족한 돌이나 유리조각, 막대기 등이 있을 수 있으므로 바닷가에서는 반드시 슬리퍼나 신발을 신도록 한다.

10. 잘 모르는 곳에서 물놀이를 할 때는 사전에 물의 깊이, 바닥의 상태, 물의 온도, 물결과 조류의 상태, 위험한 물체 및 생물의 존재 여부 등을 잘 살펴야 한다.

11. 긴 머리는 자칫 위험한 상황을 만들 수 있으므로 뒤로 묶거나 수영모를 써야 한다.

12. 너무 차가운 물이나 오염된 물에서는 수영을 하지 않는다.

13. 낮에 야외에서 수영할 때는 수시로 그늘에서 쉬어 강한 햇볕에 장시간 노출되어 화상을 입지 않도록 한다.

14. 수영장 주위에서는 유리제품을 사용하지 않는다.

15. 선크림, 모자, 옷 등으로 태양광선을 차단하여 피부를 보호한다.

16. 튜브를 이용하는 경우, 수영하기 전에 튜브에 바람이 꽉 찼는지 그리고 혹시 바람이 새지는 않는지 반드시 확인한다. 물속에서 튜브의 바람이 빠졌을 경우 소리쳐 알려야 한다.

17. 수영이 미숙한 사람은 튜브에 의지하여 너무 깊거나 먼 곳으로 나가지 말아야 한다.

18. 물에 빠진 사람을 발견하면 구조요원에게 알리고 물에 뜰 수 있는 튜브 등을 던져주어야 하며, 절대로 자신이 직접 구하려고 물속으로 뛰어들지 말아야 한다.


## 🤿 아이의 사소한 장난이 다른 사람의 생명을 빼앗는다

무더운 여름에 수영장은 남녀노소 할 것 없이 시원하고 즐겁게 놀이를 즐길 수 있는 공간이다. 그러나 여름에는 다른 계절에 비해 수영장을 이용하는 사람들이 많아서 실내가 매우 시끄럽기도 하고 다양한 상황이나 안전사고가 발생할 수 있는 확률이 높아진다.

그래서 수영장을 이용하는 모든 사람들의 안전을 책임지는 안전요원들은 여름철에는 특히 더 청각과 시각 신경이 매우 곤두서 있다. 아무리 낮은 수영장 물속이라도 누가 어떻게 될지 모르는 위험에 노출되어 있기 때문에 잠깐 방심하는 순간 사고가 발생할 수 있으므로 사고를 예방하기 위해서 그런 상태가 될 수밖에 없다. 이렇게 초긴장 상태로 안전요원이 근무하고 있을 때 간혹 위험한 장난을 치는 어린이들이 있다.

저 멀리 한 어린이가 머리를 물속에 넣은 채 엎드려 미동도 않고 있었다. 때마침 그것을 발견한 안전요원은 놀라서 그 순간 바로 물속으로 뛰어들어가 그 아이를 건져냈다. 한데 어이없게도 아이는 까르르 웃으면서 재미있다는 듯 즐거워했다. 정말 황당하고 맥빠지는 경우다.

어른들의 관심을 받고 싶어하는 아이들은 자주 이렇게 물속에 빠진 연기를 한다든가 기절놀이 등 수상 안전요원들이 착각할 수 있는 장난들을 친다. 하지만 수영장에서 하는 이런 아이들의 놀이는 그 자체만으로도 매우 위험하다. 장난으로 시작한 놀이가 실제 상황이 될 수도 있고, 다른 영역의 수영장 물속에서 실제로 위험한 상황이 발생했을 때, 진짜로 구조가 필요한 사람이 위험에서 구출될 기회를 잃을 수도 있기 때문에 그렇다.

여러 번 주의를 주었음에도 불구하고 반복되는 아이의 위험한 장난질은 아이의 안전을 위해서라도 부모의 따끔하고도 분명한 교육이 절실하다.

아무리 아이들의 장난이라 할지라도 열 번이면 열 번 다 구조하러 들어가야 하고, 백 번이면 백 번 다 구조하러 들어가야 하는 것이 수상인명구조원의 임무다. 장난 같은 상황 속에 실제 상황이 존재할 수 있는 확률을 배제할 수 없기 때문이다. 단 0.1퍼센트 확률이라도 위험이 있다면 그것을 위해 존재하는 사람이 바로 수상인명구조원이기에 수영장에서는 아이들이 위험으로 착각할 수 있는 놀이를 하지 않도록 부모님들이 가르치는 것이 중요하다.

## 🤿 수영장 레인에 매달리면 위험하다

수영장의 레인lane은 부표 로프나 부력이 있는 물체로 코스를 나타낼 때 사용한다. 대개 수영장에 가게 되면 일정한 간격으로 나누어져 있는 경기 라인을 '레인'이라고 한다.

어른이 보기에 별로 위험할 것 같지 않은 이 레인이 실은 수영 초보자인 어린이에게는 충분히 위험할 수 있다. 물에 떠 있는 이 레인은 색색별 원형으로 되어 있는 세그먼트segment들이 비닐로 코팅된 스테인리스 스틸 라인stainless steel line에 조립되어 있는 형태인데, 이 원형의 세그먼트들이 풍차처럼 쇠줄에 매달려 물속에서 돌아가기 때문이다.

대체적으로 아이들은 수영장에서 이 레인에 매달려서 노는 걸 재미있어 한다. 그러나 수영에 능숙하지 않은 수영 초보자들인 어린이들이 이 레인에 매달리게 되면 그들의 체중에 의해서 세그먼트가 회전하면서 몸이 물에 잠길 수 있다. 이때 아이가 손을 놓아버리면 오히려 쉽게 빠져나올 수 있지만, 예상치 못한 급박한 상황에 처하면 어린이들은 심리적으로 불안해서 그동안 의지했던 레인을 쉽게 놓지 못해서 상황을 더욱 위험하게 만든다. 따라서 아이들이 이 레인에 매달려서 종종 겁을 먹거나 도움을 요청하는 일이 발생하기 때문에 물놀이를 할 때는 수영장 레인의 특성에 대해서 아이들에게 알려주는 것이 좋다.

## 🤿 튜브나 오리발 등 특정한 수영용품이 안전을 위협한다

수영장마다 거기에 맞는 안전수칙이 있고 수영장을 이용하는 사람들은 그것을 지켜야 할 의무가 있다. 그것은 무엇보다도 공공장소에서 공동으로 사용하는 시설인 만큼 이용자들 간에 서로 불편을 주지 않고, 이용자들 스스로 생명과 안전을 지키기 위해서 필요한 것이다.

간혹 수영장 근무를 하다 보면 아이들이 튜브나 오리발 등 특정한 수영용품을 사용하려고 해서 그것을 못하게 막으면 부모님들이 강하게 불만을 표시하는 경우가 종종 있다. 그러나 그것은 수영장에 대한 이해가 부족해서 벌어지는 해프닝이다. 수영장 안전요원의 올바른 지도 없이 물놀이할 때 어떤 위험한 상황이 발생되는지 알지 못하기 때문에 벌어지는 일이라 할 수 있다.

개인적으로 가져온 튜브나 대형 에어볼 같은 것은 아이들의 흥미를 유발해서 그것을 가지고 놀이를 한다는 것은 매우 즐거운 일이다. 그러나 안전을 지키기 위해 시야를 확보해야 하는 수상 안전요원들에게 그런 수영용품들이 수영장 물에 떠 있게 되면 사각지대가 생겨서 시야 확보에 큰 어려움이 생긴다. 만약 대형 에어볼 뒤쪽에서 익사 사고가 발생할 경우나 에어 매트리스air mattress와 같은 물품들이 성인의 지도 없이 사용된다면 어린이가 에어 매트리스 아래에 깔리게 되면 익사 사고로 연결되는 대형 사고가 발생할 수 있기 때문에 이런 수영용품의 이용을 금지하는 것이다.

수영장에서 안전을 지키는 수상 안전요원들에게는 넓은 시야의 확보가 매우 중요하고 최우선시되어야 하기 때문에 수영 레슨 시간을 제외한 자유 수영 시에는 큰 튜브나 에어볼 및 에어 매트리스의 사용을 수상 안전요원이 제재하는 것이다.

게다가 속도를 증가시키기 위해서나 올바른 자세로 수영할 수 있도록 도와주는 수영 훈련 도구인 발에 끼는 오리발이나 손에 끼는 패들 paddle 은 어린이의 얼굴이나 연약한 피부를 스치게 되면 그 강도에 따라 피부가 찢어지는 큰 사고가 발생하고, 또 신체의 일부를 다칠 수 있으므로 강사의 지도 없이 이러한 수영용품을 사용하는 것을 제한하는 경우가 많다.


### 🤿 아이의 연령에 맞는 수영용품을 사용해야 한다

실내 수영장에서는 대부분 어린이의 튜브 사용을 제한한다. 그것은 튜브의 사용이 오히려 어린이 익사 사고의 발생 원인이 되기 때문이다.

보통 보행 형태의 튜브나 아기들이 사용하는 목 튜브는 연령이나 키와 몸무게 등 신체의 성장 정도에 따라 그 크기나 형태가 조금씩 달라진다. 제품의 사용설명서를 보면 해당 제품을 이용할 수 있는 연령이나 신체적 조건 등이 표기되어 있음에도 불구하고, 잘 지키지 않는 부모들이 있다. 대부분 부모들이 처음 구매할 때는 연령에 맞게 했더라도 시간이 흐르면서 그것을 자녀의 나이에 따라 교체하는 것이 아니라 찢어지거나 특이한 사항이 없다면 부모들은 자신의 자의적인 판단에 의해 그대로 그것을 아이에게 사용하도록 하기 때문이다.

나도 실제로 부모를 동반한 6세 어린이가 자기 연령에 맞지 않은 보행 형태의 튜브를 타다가 뒤집어져서 물에 빠질 때 구출하기도 했다. 6세 어린이는 작년 5세 때 사용했던 보행 형태의 튜브를 부모의 허락을 받고 물놀이에서 사용하게 되었는데, 1년 동안 성장한 그 아이는 자신의 신체 사이즈에 맞지 않는 튜브 때문에 균형을 잃는 바람에 그대로 뒤집어졌던 것이다. 부모와는 거리가 상당히 떨어져 있었지만 다행히 수상 안전요원으로 근무하고 있던 필자가 그것을 목격하고 신속하게 행동해서 무사히 구출될 수 있었다. 하마터면 커다란 익사 사고로 이어질 수 있는 정말 위험한 상황이었다.

이 보행형 튜브는 5세 이하 어린이가 사용하도록 만들어진 제품으로, 지금보다 몸이 작았을 때는 적합했다. 하지만 쑥쑥 자라는 아이에게 1년은 큰 차이를 발생시킬 수 있다. 부모가 아이의 성장을 고려하지 않는 바람에 발생한 어이없는 사고였다.

따라서 부모들은 아이의 안전을 염두에 두고 물놀이에 사용되는 모든 수영용품들을 구매할 때 아이의 신체 사이즈와 연령에 적합한 것으로 구매하고, 구매 후에는 들어 있는 사용설명서를 꼼꼼히 읽어보고 사용해야 한다.

또한 어린이들의 수영용품을 구매한 후에는 그것을 사용하기 전에 반드시 육안으로 그 표면을 확인해볼 필요가 있다. 수영용품은 대부분 피부에 접촉되는 것이므로 날카로운 면이 있는지 전체적으로 확인해보는 것이 아이가 상해를 입지 않도록 하는 지름길이다.


## 수영장에서 액세서리 착용을 피하라

요즘 수영장에서 귀걸이나 목걸이 등을 착용하고 있는 어린이들을 많이 볼 수 있다. 모든 수영장에서 액세서리 착용을 금지하고 있는 것은 아니지만, 분실의 위험성뿐만 아니라 물놀이하는 어린이들에게 액세서리는 위협적인 무기로 작용하기 때문에 착용을 자제할 것을 권고하고 있다. 삶의 에너지가 넘치는 어린이들의 신체 활동이 있을 때는 어떤 일이 발생할지 예상할 수 없기 때문이다.

다음은 여자 어린이의 액세서리 착용으로 인해서 발생한 사고 사례이다. 어느 날 한 여자 어린이가 울면서 손가락 사이로 피를 흘리며 양손으로 귀를 움켜잡은 채 수상 안전요원을 찾아왔다. 그 아이의 귀에는 거의 밀착되어 있는 아주 작은 링 귀걸이에 별 모양의 작은 펜던트가 달려 있었는데, 미관상으로는 그렇게 위험해 보이지 않았음에도 불구하고 사고가 발생했던 것이다.

이 여자아이는 다른 아이들과 물놀이를 하며 장난을 치다가 착용하고 있던 귀걸이의 별 모양 펜던트에 친구의 래시가드<sup>rash guard</sup> 소매가 걸리면서 귀가 찢어졌던 것이다. 손가락이 쑥쑥 들어가는 커다란 링 귀걸이만 위험한 게 아니라는 것을 보여준 사례였다.

위험한 것은 귀걸이뿐만 아니다. 목걸이도 자칫 잘못하면 아이들의 피부에 상처를 남길 수 있으므로 아이들의 안전을 위해서라면 물놀이를 할 때는 가급적 착용하지 않는 것이 좋다.


## 🤿 무분별한 다이빙은 위험하다

수영장에서 수상 안전요원이 수영 레슨 시간 외에 자유 수영 입장 시에 개별적으로 다이빙하는 것을 금지하는 이유는 이용자의 안전을 위해서이다.

수영장에서 일어날 수 있는 사고는 익사뿐만이 아니다. 수영장 바닥에 미끄러져서 꼬리뼈나 다리, 팔 등이 부러질 수도 있고, 다이빙 시 수영장 바닥에 머리를 부딪혀서 머리를 다치는 사고도 발생할 수 있다. 대부분의 수영장에는 '다이빙 금지'라는 문구를 커다랗게 표기해두고 있지만, 수영장 수상 안전요원의 지시에도 아랑곳하지 않고 다이빙을 하는 어른들이 있으며, 그런 행동을 제재하다가 이용자와 수영장 수상 안전요원 간에 오해와 불화가 발생하기도 한다. 정말 안타까운 일이다. 다이빙을 제대로 배우지 않았거나 안전을 생각하지 않고 자만심에 차서 하는 다이빙은 자칫 수영장 바닥에 수직으로 머리를 내리꽂는 사고를 불러온다. 한순간의 실수로 머리가 바닥에 부딪히면서 경추 및 척

추에 손상을 입어서 이로 인해 사지가 마비될 수도 있다. 사고 장소는 다르지만 〈씨 인사이드〉라는 스페인 영화에는 무분별한 다이빙으로 인해 척추를 다쳐서 평생 침대에 꼼짝없이 누워 있는 환자가 주인공으로 나온다. 실제로 이런 위험한 상황들 때문에 수영장 측과 이용자 간에 법적 소송이 생기는 일이 있으므로 반드시 수영장 이용자는 이용 수칙을 지켜야 한다.

또한 아이들은 어른들의 행동을 그대로 모방하여 배우기 때문에 아이들의 좋은 롤모델이 되어야 한다. 비록 내가 다이빙을 잘한다고 해서 '다이빙 금지'라는 문구를 보고도 무시한 채 행동한다면 아이들도 자연스럽게 따라 하게 되고, 결국 소중한 아이들을 위험에 노출시키는 꼴이 된다.

# 아이가 하고 싶어 하는 것을 시켜라

### 내 아이는 수영을 어떻게 생각할까

자신이 하고 싶은 것을 하는 어린이들은 행복감도 느끼고 또 열심히 하다 보면 성취감도 느낀다. 요즘은 예체능, 인문 및 자연과학 등 모든 것을 다 잘하는 다재다능한 아이로 키우기 위해서 부모들이 고군분투한다. 자녀가 성인이 될 때 풍요롭고 더 나은 삶을 살았으면 하는 부모의 사랑이 담긴 바람에서 시작된 것들이 아닐까 생각된다.

하지만 아이들에게 강압적으로 시키기보다는 다양한 분야를 배우고 체험할 수 있도록 배려하되, 아이들 스스로 기준을 가질 수 있도록 부모가 보조자 역할을 맡아서 도와주는 것이 중요하다. 비록 나이가 어린 아이일지라도 자기가 하고 싶고 좋아하는 것은 아무리 힘들어도 극복할 수 있는 정신력과 에너지를 갖고 해나가기 때문이다.

"선생님, 수영을 계속하고 싶은데……. 엄마가 이제 그만하라고 해요."

수영을 재미있어 하고 즐기면서 계속해서 하고 싶어 하는 아이들은 대부분 수영 레슨에 대한 집중력이 좋고 많은 운동량과 어려운 과제에도 큰 불평과 불만 없이 잘 소화해낸다. 그러나 안타깝게도 아이가 수영을 계속하고 싶어 함에도 불구하고 부모에 의해 억지로 그만두는 상황이 종종 발생한다. 그 이유는 앞서 언급했듯이 '다재다능한 아이'로 키우고 싶은 부모의 기준에서 수영은 어느 정도 다 배웠기 때문에 그만두고 또 다른 것을 배우도록 해야 하기 때문이다.

특정한 시험처럼 열심히 공부해서 한 번 합격하게 되면 모든 과정이 끝나거나, 자격증을 취득했다면 더 이상 같은 자격증 취득을 위해서 또다시 공부하지 않아도 되는 것처럼 여겨지기 때문이다. 하지만 수영은 그런 것과는 다르다. 만일 아이가 수영을 계속해서 하고 싶어 한다면, 한 번쯤 매일 책상에만 앉아 있어야 하는 아이의 의견을 존중하여, 또 그들의 건강을 위해서 전신운동인 수영을 선택하는 것은 어떨지 생각해볼 필요가 있다.

"선생님, 전 솔직히 수영을 배우기 싫어요. 하지만 엄마가 해야 한다고 해요……."

앞의 어린이와는 정반대로 이처럼 어린이가 수영을 배우기 싫어하는 경우도 있다. 대개는 물에 대한 두려움이나 정신적 외상인 트라우마 trauma가 있거나 아이의 기질상 운동을 좋아하지 않는 경우이다. 그러나 수영은 다른 운동에 비해서 몸에 가해지는 충격이 적고, 물과 피부의 마찰로 마사지 효과를 얻어서 혈액순환이 잘될 뿐만 아니라, 심적 안정감도 느낄 수 있기 때문에 부모나 수영 강사가 강압적으로 시키지만 않는다면 서서히 잘 적응해나갈 수 있다. 그리고 흥미롭고 다양한 물놀이는 수영에 대한 아이의 부정적인 생각을 긍정적으로 변화시킬 수 있다.

인간은 태어나기 전 약 9개월간 양수 속에서 태아가 자라며, 태어나서도 우리 몸의 70퍼센트는 물로 이루어져 있기 때문에 물과 친밀도가 높아서 물에서 느껴지는 편안함과 긍정적인 느낌이 우리의 잠재의식 속에 존재한다고 한다. 그렇기 때문에 서서히 적응해가다 보면 수영에 대해 좋은 느낌을 갖게 되고, 극도로 하기 싫어했던 아이들이 오히려 더욱 좋아하게 되어 수영 레슨을 꾸준히 계속하는 경우가 많다.

부모는 자기 아이가 수영을 어떻게 생각하는지 그 아이의 행동이나 대화를 통해서 파악해야 하고, 파악한 아이의 생각에 따라 부모는 적절한 결정을 내려야 하고 나아갈 방향에 대해 목표를 설정해야 한다.

## 🤿 수영을 배워야 하는 동기를 부여하라

초등학교 고학년이 되어 갈수록 성장이 빠른 아이들은 사춘기에 접어들면서 어떤 것을 배울 때 자신의 생각이나 의견이 분명해진다. 수영을 배우면서 느끼는 좋고 싫음의 감정이 분명할 뿐만 아니라, 본인은 하기 싫은데 부모에 의해 억지로 하게 된 경우라면 수영 레슨에 대한 집중력이 저하되는 것은 물론이고 그 효과도 현저히 떨어진다. 또한 수영 레슨 도중에 배우기 싫다는 자신의 마음을 강하게 표출하면서 함께 배우는 아이들에게도 그 영향이 미칠 수 있다.

이처럼 사춘기에 접어든 아이들은 호르몬의 영향으로 감정적으로 되기 쉽기 때문에 자신의 생각이나 의견을 무시하고 부모가 억지로 가르치면 실망감뿐만 아니라 반항심도 키우게 된다.

필자가 수영 레슨을 담당했던 어린이들 중에 그런 경우가 있었다. 지훈이는 축구를 무척 좋아하는 초등학교 6학년 남자 어린이였다. 그 아이는 무엇이 마음에 들지 않는지 수영 레슨을 하는 내내 짜증만 내고 수영하기 싫다며 수영 레슨에 대한 거부감마저 나타냈고, 함께하는 단체 레슨에서도 자기중심적으로 행동했다.

지훈이가 사춘기에 접어들면서 지훈이 어머니는 혹시나 아이가 엇나가지는 않을까 하며 걱정이 많으셔서 필자와 상담할 때도 아이를 잘 돌봐달라며 신신당부했었다.

지훈이 부모님이 아들에게 수영을 배우게 하는 이유는 안전과 건강을 위해서였지만, 사실 진짜 이유는 따로 있었다. 평소 운동을 좋아하는 지훈이가 축구와 태권도를 배우면서 다른 어린이들과 부딪혀 온몸에 멍이 자주 생겼고, 아무리 자기가 좋아하는 운동이라도 부모 입자에서는 그게 너무 안타까웠다고 한다. 그래서 많은 운동들 중에서 몸에 가해지는 충격이 없는 수영을 생각해냈다고 한다. 어머니는 지훈이가 운동을 매우 좋아하는 어린이였기 때문에 당연히 수영도 점점 좋아할 것이라 예상하고 반강제로 보냈다고 했다.

그러나 지훈이의 생각은 달랐다. 오히려 축구하는 시간을 더 늘리고 싶은데 어머니의 강압에 의해 어쩔 수 없이 수영 레슨을 시작하게 된 지훈이는 본격적으로 수영 레슨에 들어가기도 전에 먼저 수영에 대해 편견을 갖게 되었던 것이다. 사춘기인 지훈이는 '수영이 싫은 것'이 아니라 '어머니가 억지로 시켰기 때문에 수영이 싫은 것'이었다.

　이처럼 사춘기에 접어드는 자녀에게 수영을 배우도록 하기 위해서는 대화와 동기부여가 필요하다. 성장기 어린이들에게는 어리다고 부모의 의견만 내세우기보다는 그것을 왜 배워야 하는지, 배우면 또 어떤 것들에 도움이 되는지 설명해주면 아이들은 오히려 긍정적인 반응을 보인다.

　축구를 좋아하는 어린이에게는 수영이 축구에 어떤 도움이 되는지를, 미술이나 음악, 공부 등을 좋아하지만 몸을 움직이는 운동을 싫어하는 아이에게는 건강관리의 중요성 등 연관성을 찾아 수영의 필요성을 알려준다면 더욱 도움이 될 것이다.

## 🤿 아이는 부모의 모습을 모방 학습한다

독서를 좋아하는 부모의 자녀는 독서를 좋아하고, 음악을 좋아하는 부모의 자녀는 음악을 좋아하게 되고, 운동을 좋아하는 부모의 자녀는 부모를 따라 운동하게 될 확률이 매우 높다.

아이들은 태어나 8개월이 되기 전부터 모방 학습이 이루어지는데 특히 매일 함께하는 부모의 행동을 모방하기 시작한다. 그러므로 어릴 때부터 부모가 수영하는 모습을 많이 보여준 아이는 자연스럽게 강요하지 않아도 따라할 가능성이 크다. 그리고 아기 때부터 엄마나 아빠와 물놀이를 통해 교감을 하고 자연스럽게 수영장을 접했던 어린이들은 그렇지 않은 아이들보다 수영장 환경에도 잘 적응하고 물과도 아주 친밀하다. 이런 아이들은 특별한 트라우마만 없다면 물에 대한 두려움이 없어서 수영을 배울 때 적응력이 좋고 영법을 배울 때도 더욱 쉽게 습득할 수 있다.

"엄마! 나도 수영 배우고 싶어요."

간혹 부모가 먼저 수영 이야기를 꺼내지도 않았는데 수영을 배우고 싶다고 의사 표현을 하는 어린이들이 있다. 대개 이런 아이들은 집에서 부모가 수영용품을 챙겨 수영장에 가는 모습이나 부모와 함께 수영장에 따라가 부모가 수영하는 모습을 많이 본 경우이다. 설령 아이가 수영장 내에 들어가지 않더라도 부모가 수영하는 모습을 많이 관람한 것만으로도 큰 효과를 보인다.

따라서 수영을 하기 싫어하는 아이에게는 강압적으로 수영을 시키기

보다는 '나도 수영을 하고 싶다'고 스스로 느끼도록 하는 것이 가장 이
상적인 방법이다.

만일 내 아이에게 수영을 가르치고 싶다면 지금부터라도 아이와 함
께 물놀이하는 시간을 내어보는 것은 어떨까.


## 🤿 수영으로 아이의 행복지수를 높여라

우리나라 어린이들은 OECD 회원국 중에서 행복지수가 제일 낮다고
한다. 과정보다는 '성공'이라는 결과를 향해 달리는 한국의 교육적 성
향 때문에 '좋은 대학' 또 '명문 대학'에 보내기 위해 어릴 때부터 한 단
계씩 밟아 올라가야 하는 우리나라의 교육 구조로 인해서 아이들 자
신보다 부모가 원하는 삶을 살고 있기 때문이라고 한다. 유치원이나
정규 학교 교육이 끝난 후에도 각종 사교육 등으로 인해 아이들이 뛰
어놀며 성장해야 할 시기에 책상 앞에만 앉아 있다. 이렇다 보니 우리
아이들의 삶 속에 '놀이'와 '운동'의 비중은 없다. 이러한 삶 속에서 우
리의 아이들은 '행복하다'고 느끼기 힘든 것이다.

이런 우리나라 어린아이들의 팍팍하고 건조한 삶 속에 '수영'이라는
오아시스를 만들어 주자. 의무적으로 주어진 시간 내 영법을 배워야만
하는 그런 수영이 아니라, 수영을 통해 또래 친구들과 어울려서 신나게
놀고 물놀이를 통해 자연스럽게 육체적·정신적 건강을 유지하도록 하
자. 수영을 통해 신체적인 활동을 하면서 우리 아이들은 바쁜 일과에
대한 스트레스를 해소할 수 있도록 하자.

"이번 여름방학 때까지 수영을 다 배워야 해!"

"수영을 배우고 나면, 다른 것을 배워야 하니까 이번에 열심히 배워야 한다."

아이에게 언제까지 수영을 다 배워야 한다고 특정한 기간을 정해주거나, 수영 레슨 진도에 연연하면서 아이들에게 압박감을 주는 부모들이 있다. 하지만 그렇게 되면 더 이상 수영은 스트레스를 해소해주는 좋은 운동, 아이에게 재미있고 즐거운 운동이 아니라 오히려 스트레스를 주는 나쁜 운동이 된다. 내 아이의 행복지수를 높이고 싶다면 아이 스스로 즐기며 수영을 배울 수 있도록 어른들이 도와주어야 한다. 아이들이 스트레스를 받지 않고 즐기면서 수영을 배우다 보면, 꾸준히 운동을 하게 되고 시간이 흐른 뒤에는 어느새 멋지게 수영하는 아이의 모습을 보게 될 것이다.

나 자신 오랫동안 수영을 배우고 가르쳐온 수영 강사로서 장담하건대, 아이들이 수영을 통해 경험하는 또래 친구들과의 건전한 경쟁과 최선을 다하면서 느낀 성취감은 아이들의 '행복지수'를 확 높여줄 것이다.

## 🤿 엄마, 수영이 제일 재미있어요!

2015년 여름방학 특강으로 처음 만나게 된 지윤이는 조용하고 매우 내성적인 초등학교 1학년의 여자 어린이였다. 물놀이 외에 단 한 번도 수영 레슨이라는 것을 접해보지 못했던 진짜 수영 새내기였던 지윤이는 같은 성의 여자 선생님을 원했던 부모님의 요청으로 나와 인연을 맺게 되었다.

지윤이가 처음 수영장에 들어왔을 때를 지금도 생생하게 기억하고 있다. 지윤이는 자신의 감정을 도통 얼굴에 표출하지 않아서 수영 레슨하는 내내 힘든지 괜찮은지 기분은 좋은지 나쁜지 어떤지 그 아이의 얼굴을 통해서는 전혀 파악할 수 없었다.

수영 레슨을 하다 보면, 필자에게 "선생님, 너무 힘들어요", "선생님, 진짜 재미있어요" 등등 말로 잘 표현하는 아이들이 있는가 하면, 그렇지 않은 아이들도 많다. 그래서 아이들이 굳이 말하지 않아도 수영 레슨을 오랫동안 하다 보니, 아이들의 행동이나 얼굴 표정을 금방 읽을 수 있다. 하지만 지윤이는 자기감정의 표현뿐만 아니라 말도 없었고, 얼굴도 무표정이었기에 담당 수영 강사로서는 아이의 심리를 파악할 도리가 없었다.

그럼에도 지윤이는 항상 열심히 하고 수영 레슨에 집중을 잘하는 어린이였다. 다만, 근력이나 체력적으로 많이 부족했기 때문에 단시간의 스파르타식 레슨으로 수영을 배우고 끝내기보다는 일주일에 한두 번만이라도 꾸준히 배워나갔으면 좋겠다고 부모님께 상담 때 말씀드렸다.

그래서 여름방학 특강 이후에도 꾸준히 수영 레슨을 하면서 지윤이는 놀랍게 변했다. 필자가 지윤이의 작은 변화에 대해서도 관심을 가지고 꾸준히 칭찬을 해주었더니 아이가 변했던 것이다. 다소 진도는 느렸지만 처음보다 체력이 눈에 띄게 좋아졌고, 같은 반 친구들과도 친해지면서 즐겁게 수영 레슨 시간을 보냈다. 그래서 항상 무표정했던 아이가 웃기도 하고, 친구들과 조잘조잘 이야기하는 모습을 보였다. 수영을 통해 자기의 마음을 열고 스스로 감정 표현도 조금씩 하는 것이었다.

"선생님, 아이가 무언가를 자기 스스로 배우고 싶다고 말한 것은 이번이 처음이에요."

지윤이 어머니가 감동하여 상담할 때 내게 들려주신 말씀이다. 이렇게 수영을 통해 자신감이 생기면서 더욱 수영을 좋아하게 되었고, 흥미도 갖게 되었던 것이다. 또한 새로운 친구들과도 잘 어울리게 되면서 의사 표현도 적극적으로 하는 아이로 변해갔던 것이다.

"지금 배우고 있는 것들 중에서 수영이 제일 좋고 재미있다고 해요."

지윤이가 흥미를 잃지 않고 지금까지 즐겁게 수영을 배우고 있는 것은 지윤이 부모님이 아이가 하고 싶은 것을 할 수 있도록 적극적으로 지원했던 것과 처음부터 끝까지 담당 수영 강사를 믿고 맡겨주었기 때문이다.

절대 수영 강사나 부모 혼자만의 노력으로는 아이를 변화시킬 수 없다. 아이에 대한 관심과 사랑, 기다려주는 인내심이 건강하고 자신감 있는 아이로 성장시켜준다.

## 교육법

아이들이 잘하지 못하는 것을
채찍질하며 가르치기보다는
잘할 수 있는 것을 먼저 배우도록 하는 것,
칭찬과 격려를 통해 자신감을 얻도록 하는 것이
나의 교육 방법이다.

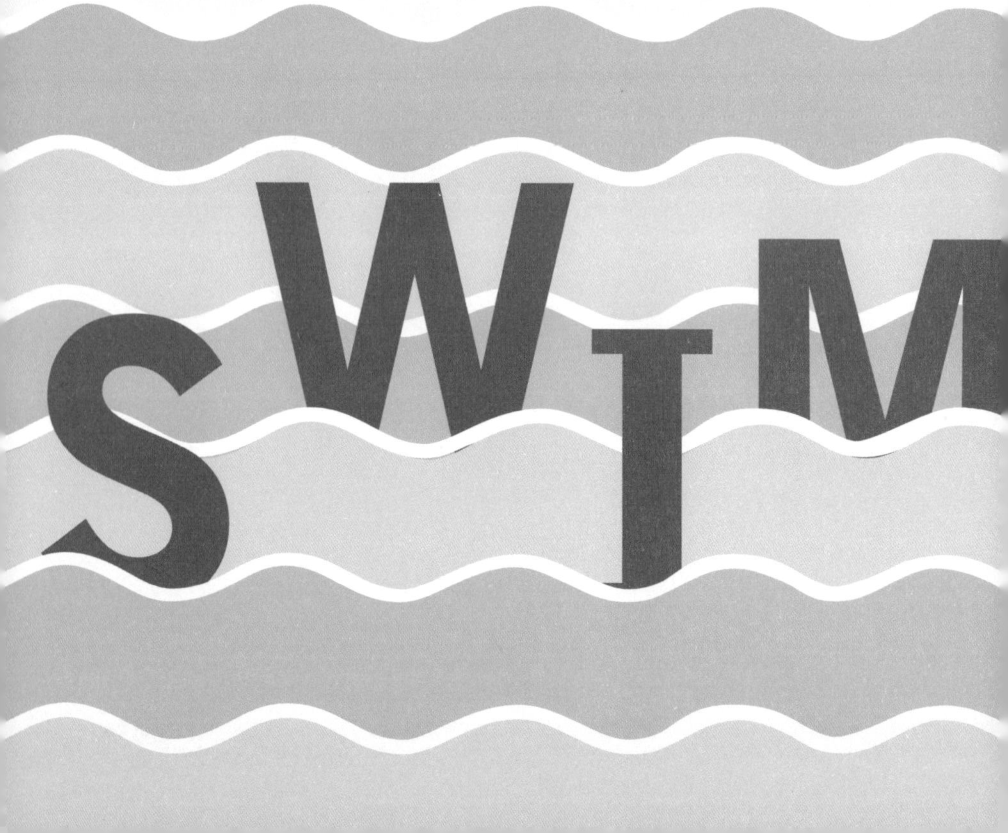
SWIM

Part 3

부모의 올바른 선택이
아이의 수영 레슨을
성공으로 이끈다

# 내 아이에 맞는 수영 프로그램 선택법

　아이의 연령과 성향, 각 수영 시설의 프로그램과 프로모션, 가격과 시설 등에 따라 어떤 수영장을 선택해야 할지 많이 고민될 것이다. 또한 아이가 마음 편히 놀아도 안전한지, 위생적인 부분은 어떨지, 수질과 물의 온도, 안전요원의 배치 등도 부모로서 간과할 수 없는 부분이다.

　수영장은 각 지역 시와 구의 시설관리공단에서 운영하는 실내 수영장과 개인사업자가 운영하는 사설 수영장이 있다. 공기업이 운영하는 수영장은 가격이 사설 수영장에 비해 매우 경제적이지만 저렴한 가격 때문에 성인뿐만 아니라 어린이들도 많이 몰려서 등록하기가 쉽지 않다.

　일반 실내 수영장은 수영장 시설이 대부분 일반 성인을 중심으로 설계되어 있으며, 어린이 전용 수영장은 어린이들의 눈높이에 맞춰서 설계되어 아이들이 이용하기에 훨씬 편리하고 안전하다는 것이 다른 점이라 할 수 있다. 그리고 가격이 일반 수영장에 비해서 다소 높다는 단점이 있지만, 어린이의 필요에 맞춘 수영 레슨 프로그램이 다양하고,

어린이의 학업 일정에 따라 각종 프로그램의 프로모션이 개발되고 진행되기 때문에 일반 수영장에 비해서 선택의 폭이 넓다.

특히, 어린이 전용 수영장의 경우는 어린이들에게 특화된 시설과 수준 높은 커리큘럼으로 성인 수영장과 차별화되어 있어서 부모가 굳이 아이와 동반하지 않아도 수영 레슨 후, 샤워부터 드라이어로 머리 말리기, 옷 입기 및 수영용품 챙기기까지 완벽하게 돌봐주는 올 케어 시스템 all care system 이 이루어진다는 장점이 있어서 많은 부모들이 선호한다.

### 어린이 전문 수영장은 '친환경 인공 해수풀'로 관리된다

어린이 전문 수영장은 락스와 같은 화학약품을 이용해서 수질을 관리하는 것이 아니라 소금과 전기분해장치를 이용하여 염소를 발생시켜 수질을 관리하는 방법으로 자녀의 피부와 건강을 고려한 '친환경 인공 해수풀'을 만들어 수질을 관리하고 있다. 요즘은 일반 실내 수영장 중에도 수질 관리에 화학약품을 이용하지 않는 곳이 점차적으로 늘어나고 있다.

## 🤿 어린이 수영 레슨의 종류에는 무엇이 있을까

아무리 수영 레슨 프로그램이 좋고, 또 담당 수영 강사와 수영장 시설이 좋아도 정작 내 아이와 맞지 않는다면 무용지물이다. 아이의 체력과 성향을 고려한 프로그램을 고민하고 선택하는 것은 처음 수영을 시작하는 아이들에게 많은 영향을 미친다.

생전 처음 아이가 수영을 시작하게 되면 모든 부모는 개인 레슨과 단체 레슨 사이에서 가장 많이 고민을 한다.

'개인 레슨'은 강사 한 명에 어린이 한두 명으로 수영 레슨이 진행되는 형태를 말하며 담당 수영 강사가 아이의 성향을 빠르게 파악할 수 있다는 장점이 있다. 여러 명의 아이들과 하는 수영 레슨 진도에 맞춰서 영법을 배워나가는 것이 아니기 때문에 스트레스 없이 아이가 받아들이는 속도에 따라 수영 레슨을 진행할 수 있으며, 일정 시간 아이와 함께하며 나누는 지속적인 대화는 서로 간의 친밀도를 향상시켜준다. 개인 레슨은 밀착된 강습을 할 수 있기 때문에 아이가 빨리 적응할 수 있도록 도와줄 수 있고, 평균적으로 단체 레슨에 비해서 개인 레슨의 진도가 빠르기 때문에 영법을 배우는 데 시간을 아낄 수 있다. 그러나 개인 레슨은 단체 레슨에 비해서 또래 친구들과 어울릴 기회가 적어서 단체 생활에서 얻을 수 있는 사회성을 기르기 위한 목적으로는 적합하지 않다고 할 수 있다.

게다가 간혹 아이들 중에서 담당 수영 강사와의 1:1 레슨을 부담스러워하거나 힘들어하는 아이들도 있으므로 개인 레슨에서 얻을 수 있는 장점이 특정한 어린이에게 빛을 발하지 못할 경우에는 굳이 개인 레슨을 고집하기보다는 단체 레슨을 이용하여 더욱 효율적으로 레슨을 받는 것이 좋다.

그에 비해 '단체 레슨'은 강사 한 명에 여러 명이 함께하는 수영을 배우는 형태를 말한다. 단체 레슨은 비용이 경제적이라는 장점이 있는 반면에, 수영 레슨 시간 40~50분에 많은 어린이들이 한 명의 담당 수영 강사로부터 수영 레슨을 받게 되기 때문에 함께하는 아이들의 분위기에 따라 적응 속도나 수영 레슨의 진도가 느릴 수도 있다. 그리고 다수의 평균 실력에 맞춰서 수업을 진행하다 보면 실력이 뛰어난 어린이들에게는 진도가 다소 느리다고 느껴질 수 있고, 유연성이나 체력이 부족하여 개별적인 연습시간이 필요한 아이들에게는 다소 진도가 빠르게 느껴질 수도 있다. 이것은 개인별 기량의 차이 때문에 벌어지는 일이다.

단체 레슨을 통해서는 또래 친구들과 함께 수영 레슨을 받고 서로 공감대를 형성해 나가면서 사회성을 기를 수 있고, 또 자연스럽게 영법을 훈련하면서 서로 간에 지켜야 할 에티켓도 익힐 수 있다. 게다가 많은 아이들 속에서 배우게 되므로 또래 어린이들 사이에서 자신의 실력을 어느 정도 가늠할 수 있게 되면서 건전한 경쟁자가 생기게 된다는 것이 가장 큰 장점이라고 할 수 있다.

이 두 가지 수영 레슨 형태의 장점을 두루 갖춘 것이 바로 '그룹 레슨'이다. 그룹 레슨은 개인 레슨보다는 경제적으로 저렴하면서 단체 레슨보다는 인원이 적기 때문에 좀 더 집중적으로 수영을 배울 수 있다. 요즘은 소수 정예 방식인 그룹 레슨에 대한 선호도가 높다.

시간과 비용을 효율적으로 활용하기 위해서는 아이의 특성에 따라 그룹 레슨을 하거나 두 가지 수영 레슨 방법을 병행하는 것도 좋은 방법이다.

## 🥽 아이의 특성에 맞는 수영 레슨 방법을 선택하라

수영장 환경이나 물에 대해 두려움이 있는 아이들에게는 적응해야할 시간이 필요하므로 부모는 조급해하지 말고 기다려야 한다. 시간을 두고 꾸준히 수영을 배우다 보면, 몸이 물에 노출되는 범위가 점점 넓어지고 친화력도 저절로 생기게 된다. 수영장에 빨리 적응하기 위해서는 처음에 아이의 특성에 따라 수영 레슨을 어떻게 시작할 것인지 수영 레슨 방법을 신중하게 생각하고 선택하는 것이 좋다. 혼자 있기를 좋아하고 인원이 많은 그룹에서 잘 어울리지 못하는 성향의 어린이라면 수영장 환경에 적응할 때까지 개인 레슨이나 인원이 적은 그룹 레슨을 추천한다. 그러나 사회성이 뛰어나고 단체생활을 좋아하는 어린이라면 오히려 또래 친구들이 많은 단체 레슨이 효과적이고 경제적으로도 부담이 적어서 좋다.

수영의 입문은 부모의 관심을 통해서 아이에게 적합한 레슨 형태를 선택하는 것에서부터 시작하여 친구들과 물놀이, 담당 강사와 개인 레슨 또는 단체 레슨을 하면서 낯선 환경에 조금 더 빨리 적응할 수 있게 된다. '물 적응 단계'에서는 수중걷기, 달리기, 친구들과 물장구치기, 벽 잡고 점프하기, 물총놀이 등 더 나아가 발차기, 잠수하기까지 해당된다.

### … 기초 단계에서는 개인 레슨이나 그룹 레슨이 적응하기 쉽고 빠르다

기초 단계에서는 기초적인 발차기로부터 시작하여 호흡하기까지 담당 수영 강사의 많은 손길이 필요하다. 아이들의 특성에 따라 소화해낼 수 있는 능력이 모두 다르기 때문에 다수 어린이의 평균 수준에 맞추는 단체 레슨보다는 개인적인 기량에 맞춰 진행되는 개인 레슨 및 그룹 레슨이 더욱 편안하고 빨리 적응할 수 있도록 도와준다. 그러나 연령에 따라 받아들이는 범위나 속도가 다르기 때문에 담당 수영 강사와 충분히 상담한 후에 결정한다면 비용 대비 효과적인 수영 레슨 방법을 선택할 수 있다.

1:1 개인 레슨은 몇 살에 시작하는 게 좋을까?

부모님들로부터 개인 레슨에 대한 문의가 많다. 그중에는 심지어 4세 아이도 포함되어 있고, 대체적으로 5~6세부터 개인 레슨에 대한 문의가 많이 들어온다. 물론 아이들의 특성에 따라 다 다르겠지만, 필자의 수영 레슨 경험상 대개 6~7세부터가 1:1 개인 레슨을 진행하는 데 무리가 없다고 생각한다. 4~5세는 수영 레슨 수강 인원이 작은 소규모 그룹 레슨을 하도록 추천한다.

### ··· 반복연습 시기에는 단체 레슨이나 그룹 레슨이 효과적이다

새롭게 특별한 수영 기술을 배운다기보다는 체력과 지구력을 향상시키고, 수영 동작을 익숙하게 하기 위해 그동안 배웠던 것을 반복 훈련하는 시기에는 개인 레슨보다는 단체 레슨을 추천한다. 실력이나 속도를 향상시키기 위해서는 자신의 평균 운동량이나 능력에서 약간 높여서 연습을 해야 하고, 자신의 경쟁자를 통해서 목표를 설정하고, 비슷한 실력을 가진 친구들과 함께 연습하면서 자연스럽게 실력 향상을 이루어나갈 수 있기 때문이다. 사실 반복연습이 필요한 시기에는 운동량이 많으므로 여러 사람과 함께하는 것이 아이들에게 지루하지 않고 재미도 있다.

반복연습은 수영 자세를 교정하거나 고급 수영 기술을 배우기 전에 그에 필요한 체력을 뒷받침하기 위해 하는 것이다. 이때 충분한 연습이 이루어져야 자세 교정의 효과를 극대화할 수 있다. 그리고 반복연습 단계에서는 단체 레슨을 하는 것이 경제적이다.

### ··· 고급 기술을 배우기 위해서는 개인 레슨이 좋다

배우기 까다로운 동작인 세부적인 수영 기술이나 고급 수영 기술을 빨리 습득하기 위해서는 개인 레슨이 단체 레슨에 비해 좋다. 성인들의 경우에는 이해력이 아이들보다 빠르기 때문에 동영상을 통해서 개인적으로 습득하거나 동호회 등 각종 연수를 통해서 무료로 또는 저렴한 비용으로 세부적인 수영 기술이나 고급 수영 기술을 익힐 수 있지만, 아이들은 혼자서 그런 기술을 습득하기가 쉽지 않다.

수영의 세부적인 기술이나 고급 수영 기술을 배워야 하는 어린이들은 담당 수영 강사의 1:1 밀착 레슨과 분석 레슨을 통해서 영법 시 효율적으로 동작하는 방법들을 익힐 수 있고, 잘못된 부분들을 즉각적으로 또 세심하게 교정할 수 있다는 장점이 있다.

### ⋯ 경쟁을 위한 수영을 하려면 단체 레슨으로 가라

각 영법의 경쟁을 위한 훈련은 비슷한 실력의 경쟁자가 있으면 좋다. 혼자서는 자신의 실력을 가늠할 수 없고, 또 한계가 있으므로 단체 레슨에서 다른 경쟁자와 선의의 경쟁을 통해 아이들은 성장해 나간다. 지구력과 체력을 요하는 훈련은 혼자 하기보다는 여러 아이들과 함께 하면 조금 자기 능력에 버거워도 극복할 수 있게 되고, 배려하는 마음도 기를 수 있다. 또한 같은 훈련을 하면서 친구들과 공감대도 형성되고 또래 친구들과 끈끈한 정이 생기게 되어 좋은 추억도 생기게 된다. 대회를 준비하는 어린이는 선수반이나 마스터스반에서는 코치가 제공하는 각종 훈련 프로그램들을 통해서 함께 연습하고 서로의 기록을 비교하면서 체크해 나가게 된다.

### 🤿 4세 어린이는 그룹 레슨이나 부모와 함께 배워라

4세가 되면 아이들은 다양한 경험을 통해서 의사소통 능력과 신체 활동, 사회성 등 기본적인 발달에 필요한 활동이 무엇보다도 중요하다. 다른 아이들과 함께 어울리고 놀이를 즐기면서 각 성장 시기에 알맞은 아이의 발달을 확인하고 점검할 수 있게 된다.

4세 아이에게 수영을 가르치고자 한다면 부모는 스스로 왜 내 아이에게 수영을 배우게 하려고 하는지 그 목적이 무엇인지 신중하게 생각해보는 것이 좋다. 수영 조기 교육이 목적인가? 아니면 아이의 발달이 목적인가?

예를 들어, 이런 경우가 있었다. 물을 많이 무서워하는 4세 어린이가 있었다. 부모와 상담해보니, 아이가 지금은 물을 무서워하고 있지만 얼른 극복하고 빨리 수영장에 적응해서 장래에 수영을 잘하는 수영 선수가 되었으면 좋겠다고 희망을 피력했다.

수영 조기교육과 아이의 영역별 발달을 동시에 증진시키기 위해서는 4세 아이에게 개인 레슨보다는 그룹 레슨이 효과적이다. 같은 연령의 친구들과 함께 수영을 배우고 각종 물놀이를 통해 놀이 규칙을 배우게 되면서 서로 의사소통을 통해 타인을 이해하고 그에 맞게 반응하게 된다. 또한 수영을 통해서 아이는 근력과 균형감각, 순발력과 조정력을 발달시키게 되므로 소집단 활동인 그룹 레슨이 효과적이라 할 수 있다.

4세 아이에게 무엇보다도 가장 중요한 것은 '수영은 재미있고 즐거운 것'이라는 것을 인식시켜주는 것이다. 그렇기 때문에 굳이 1:1 개인 레슨이나 그룹 레슨이 아니더라도 지속적으로 부모와 함께 물놀이를 하는 것도 나중에 정식으로 수영을 배우게 할 때 많은 도움이 되며 적응도 빠르다.

솔직히 말해서 4세 아이에게 많은 비용을 들여서 개인 레슨을 시작한다는 것은 남에게 '내 아이는 특별한 아이'라는 것을 보여주기 위한 부모의 욕심이 아닌가 생각된다.


## 🤿 신생아 수영을 하고 싶다면 전용 수영장을 찾아라

태어나기 전 아기들은 엄마의 자궁 속 양수 안에서 약 9개월의 시간을 보낸다. 그렇기 때문에 갓 태어난 아기들에게 물은 친밀감과 안정감을 느끼게 해준다. 그래서 갓 태어난 아기들은 물속에서 금방 적응하여 자연스럽게 호흡할 수 있다.

최근에는 신생아를 위한 친환경 '아기 전용 수영장'이 활성화되고 있는데, 100일 이전에도 물놀이가 가능하므로 신생아 수영을 원한다면 '아기 전용 수영장'을 이용하도록 한다. 다만, 어린이 전용 수영장 및 일반 수영장 등 공공장소에서의 본격적인 수영은 영아의 경우 면역력이 없기 때문에 예방접종이 어느 정도 끝나서 면역력이 형성된 이후에 시작하는 것이 안전하다.

## 🤿 소문보다는 눈으로 직접 보고 판단하라

뛰어난 운동신경을 타고났거나 수영에 대한 감각이 남다른 아이들은 수영장에 금방 적응할 뿐만 아니라 수영 레슨의 진도도 매우 빠르다. 반면에 원래 성향이 얼굴에 물이 닿는 것을 극도로 싫어하거나 운동신경이 다소 떨어지는 아이들은 수영장에 들어오는 것에서부터 적응하는 데 시간이 꽤 오래 걸린다. 그러므로 담당 수영 강사의 세심한 보살핌이 필요하다. 아이의 특성에 맞게 프로그램이 잘 구성되어 있고, 아이들에 대한 완벽한 돌봄 시스템이 갖춰져 있거나 상담이 잘 이루어지는 수영장을 선택해야 추후에 관리가 원활하다.

요즘은 어린이 전용 수영장은 물론이고 일반 수영장도 어린이를 위한 수영 레슨 프로그램이 많이 활성화되고, 또한 홍보 경로도 잘되어 있어서 홈페이지나 수영 관련 커뮤니티 등의 광고를 통해서 선택하는 경우가 많다. 그러나 광고만 전적으로 믿고 내 아이를 온전히 맡긴다는 것은 무모할 수 있음을 명심해야 한다. 또한 내 아이를 가르칠 기관 선택 기준이 바로 학부모 사이의 소문이 90퍼센트 이상이라 해도 과언이 아니다. 그러나 다른 사람들이 판단한 기준이 내 아이와 100퍼센트 잘 일치한다고 할 수는 없다. 인터넷에 올라와 있거나 입소문으로 퍼진 평가를 맹신한 나머지 단점은 비판과 선입견으로, 장점은 무조건적으로 수용하는 오류를 범하지 않기를 바란다. 시간적으로 여유가 된다면 전화 상담과 직접 견학을 통해서 정확한 수영장 환경이나 프로그램의 특성을 알고 결정하는 것이 좋다. 수질 관리가 잘 이루어져 내 아이가 깨끗한 곳에서 수영을 배울 수 있는지, 수영을 배우기에 적합한 환경인지 부모가 직접 보고 판단하는 것이다.

아이가 들어갈 반을 선택할 때도 정확한 상담을 통해 아이의 수준과 연령을 고려하여 반을 선택하도록 한다. 반에 들어가기 전 관계자에게 체험 수업이 가능한지 문의해보고 가능하다면 수영 레슨을 체험해본 후에 결정하는 것도 나쁘지 않다.

## 🤿 아이의 특이 사항을 담당 강사와 공유하라

운동신경이 또래 아이들에 비해 현저하게 떨어지거나 혹은 반대로 아주 뛰어난 아이, 평소에 낯을 많이 가리거나 물을 너무 무서워해서 적응 시간이 필요한 아이, 과거에 신체적·정신적 병변이나 물과 관련된 트라우마가 있는 아이 등 아이에 관한 특이 사항은 담당 수영 강사가 수영 레슨을 진행하고, 아이가 수영장 환경에 적응하도록 하는 데 있어서 가장 중요한 정보가 된다.

만약 예전에 아이가 수영을 배워본 적이 있다면 대략적인 수영 레슨 기간과 진도를 담당할 수영 강사에게 알려주고 간단한 테스트를 통해서 아이의 수준에 맞는 반으로 들어가서 배우는 것이 수영 레슨을 진행하는 데 오류가 없다. 그리고 부모와 아이가 재활 치료, 대회 출전 등 수영에 대한 특별한 목표가 있다면 상담을 통해서 명확하게 이야기를 나누는 것이 도움되며, 그 정보를 바탕으로 수영 레슨이 진행되어야 부모도 만족감을 얻을 수 있다.

## 🤿 수영 레슨 진도는 아이들마다 개인차가 있다

"한 주에 몇 번 수영을 해야 할까요?"

"얼마나 배워야 수영을 잘할 수 있나요?"

"자유형만 배우는 데는 얼마나 시간이 소요될까요?"

아이를 위한 첫 수영 상담을 할 때 부모들이 가장 궁금해하는 질문들이다. 아마 부모들은 이런 질문에 대한 답변을 통해 정확한 수영 레슨 기간을 듣게 됨으로써 수영에 대한 심적인 부담감을 덜어내고 수영 레슨에 기대를 하면서 아이의 다음 교육 계획을 미리 준비하기 위해서일 것이다.

그러나 일반적으로 수영 강사가 말하는 특정한 기간이 모든 아이에게 똑같이 적용되는 것은 아니다. 실제로 수영 강사는 다수의 평균적인 레슨 기간을 부모에게 말해주지만, 직접 수영 레슨을 하다 보면 연령 및 신체적 특성이나 아이의 심리 상태에 따라 그 기간이 단축되는 아이들이 있는가 하면, 더 길게 잡아야 하는 경우도 많이 발생한다. 즉, 아이들마다 특성과 연령, 감각과 타고난 운동신경, 이해도가 각자 다르기 때문에 수영 레슨 진도는 천차만별이라는 것이다. 예를 들어, 적응 속도가 늦어서 잠수하는 데 몇 개월이 걸리는 경우도 있고, 심지어 자유형을 하기까지 1년 넘게 걸리는 아이들도 생각보다 많다. 그런 반면에 한 번도 수영을 정식으로 배워본 적이 없음에도 불구하고 하루 만에 호흡부터 발차기까지 하는 놀라운 아이들도 있다.

평균적으로 수영을 지속적으로 꾸준히 했다고 보았을 때, 자유형, 배영, 평영, 접영 등 네 가지 영법의 기본적인 동작들을 모두 습득하기까지 어린이의 경우는 평균 6개월에서 12개월까지를 목표로 삼는다.

하지만 수영하는 방법을 익혔다고 해서 드라마틱하게, 즉 멋지게 수영을 잘할 수 있는 것은 아니다. 수영이란 일정한 거리를 이동해야 하고 세부적인 수영 동작과 기술, 멋있는 자세를 만들기 위해서는 지속적으로 배우고 자세를 교정해 나가야 한다. 그를 통해서 체력과 폐활량, 지구력이 상승하면서 전체적인 수영 실력도 향상된다.

레슨 진도에만 치중하여 수영 방법만 배운다고 물에 뜨는 것도 수영을 잘하는 것도 아니다. 실컷 영법을 배웠음에도 불구하고 반복연습이 없다면 일정한 거리를 완주하지도 못할뿐더러 수영 자세도 바르지 못한 경우가 대부분이다. 그야말로 수영 레슨이 '무용지물無用之物'이 되는 것이다. 개인차에 따라서 수영을 잘하기 위해서는 1년이 걸릴 수도 있고, 더 길게 아니면 더 짧게 시간이 소요될 수도 있다.

수영 실력은 한 방울의 물이 모여 바다가 되는 것과 같다. 수영을 배울 때는 지속적으로 꾸준히 하도록 해야 배우는 아이도 스트레스와 압박감으로부터 해방될 수 있고, 또 수영을 즐길 수 있는 여유가 생기게 된다.

## 🤿 아이가 좋아하는 강사에게 배우면 시너지 효과가 있다

수영장에서 근무하다 보면 정말 다양한 성향을 가진 아이들을 많이 만나게 된다. 동료인 수영 강사들도 저마다의 색깔이 있고, 성향과 성격, 성별이 다 다르다. 그렇기 때문에 모든 아이들이 모든 강사들의 수영 레슨 형태에 쉽게 적응하고 좋아하게 되지는 않는다.

대체로 아이들에게 인기 있는 어린이 전문 수영 강사들은 각각 아이들의 특성에 맞게 대처하는 능력을 가진 사람들이다. 엄격했다가도 때로는 부드럽고 상냥하게 아이들을 다룰 수 있는 강사의 노련함이 아이들의 수영을 배우는 재미에도 영향을 미친다. 그래서 아이들에게 수영을 가르친 경험이 없는 신입 강사보다는 경험이 풍부한 나이 많은 강사들이 유아나 어린이에게 수영 레슨하는 경우가 많고 또 레슨 기간도 지속적이다.

어린이 전문 수영 강사들은 어린이를 가르치기 위해서 자신만의 레슨 방법과 계획, 어린이들을 돌보고 잘 이끌어나가기 위한 기술을 항상 연구하지만, 강사마다 선호하고 가르치는 스타일과 성격 및 성향은 다르기 때문에 아이들에 따라 담당 강사와 잘 맞을 수도 있고 그렇지 않을 수도 있다.

강사들의 수영 레슨 스타일에 따라 목소리가 크고 화통한 수영 강사가 있는가 하면, 다정다감하면서 부드러운 수영 강사, 유쾌해서 아이들과 놀이를 잘하는 수영 강사 등 다양하다. 간혹 목소리가 큰 강사는 압도적인 목소리에 눌려서 '무서운 강사'라는 오해를 받기도 하고, 활발하고 유쾌한 아이들은 자신과 즐겁게 잘 교감하고 공감대를 형성할 수 있는 강사를 좋아하고, 간혹 여자 어린이 중에는 부담스럽다는 이유로 남자 강사를 거부하기도 한다. 따라서 수영 레슨 시작 전 상담할 때 아이의 요구 조건이나 성향을 미리 파악하여 상담한다면 아이와 코드가 잘 맞는 담당 수영 강사를 만나는 데 도움이 될 것이다.

만일 아이가 가정에서 담당 수영 강사가 무섭거나 아니면 재미와 흥미가 없어 수영하러 가기 싫다고 말한다면 상담을 통해서 원인을 해결하는 것이 중요하다. 만약 그 원인이 담당 수영 강사와의 성향 차이나 수영 레슨을 이끌어가는 방식이 아이와 맞지 않아 발생하는 것이라면 상담을 통해서 아이와 성향이 잘 맞고 좋아하는 강사로 바꿔주는 것도 하나의 좋은 해결 방법이 될 수 있다.

---

**범죄자는 어린이 전용 수영장에서 근무 자체가 불가능하다**

전국에 있는 모든 어린이집, 유치원, 사설 학원 등 어린이를 가르치는 곳이면 어디든 경찰서에 '범죄 경력 조회'를 하게 되어 있다. 따라서 범죄자가 아이들과 접촉하는 길을 원천적으로 차단된다. 특히, 어린이 전용 수영장 같은 경우에는 성폭행이나 아동폭행 등의 범죄 이력이 있는 사람들은 강사로서 고용될 수 없다.

---

 남들과 다른 우리 아이는 어떤 타입일까?

··· "물을 너무 좋아해요. 물을 겁내지 않아서 오히려 걱정돼요."

물놀이를 너무 좋아해서 간혹 수영장에 간다거나 해변에 가면 물의 깊이도 살펴보지 않고 준비운동도 하지 않은 채 무방비 상태로 다이빙을 하거나 무작정 뛰어드는 아이들이 있다. 이런 성향의 아이들은 대개 물에 대해 자만하기 쉬운데, 대부분 자만에서 나오는 부주의한 행동들이 언제, 어떻게 일어날지 모르는 매우 위험한 상황들을 인지하지 못하도록 방해한다.

이런 성향을 가진 아이들의 부모님께는 반드시 전문기관에서 수영 레슨을 받을 것을 조언한다. 전문기관을 통해 단계별로 수영을 배워나가면 그동안 위험했던 자신의 행동들을 되돌아볼 수 있게 되고, 또한 안전에 대한 지식과 자신의 몸을 보호하는 방법을 배워서 각종 위험한 상황과 자신의 연령에 맞는 응급조치 요령 등 예측 불허의 상황들에 당황하지 않고 안전하게 해결하는 능력을 기를 수 있게 된다.

··· "낯선 선생님에게 수영 배우는 것을 무서워해요."

단순히 낯선 수영장 환경이 싫어서 엄마 또는 아빠와 떨어지지 않으려는 어린이들도 있다. 그 아이들에게는 두 가지 방법을 쓰면 좋다. 첫 번째 방법은 아이가 아무리 울고불고 떼를 쓴다 하더라도 부모가 담당 수영 강사에게 온전히 아이를 맡기고, 잠시 아이의 시야에서 벗어나 부모에게 의지하려는 아이의 심리를 담당 수영 강사로 유도하는 것이다. 이렇게 하면 어린이를 전문적으로 담당하는 수영 강사의 노하우를 통해서 아이가 잘 적응할 수 있도록 할 것이다. 두 번째 방법은 낯선 수영장 환경에 아이가 적응할 때까지 수영 시작 때 부모가 아이와 함께 수영 레슨에 참여하는 방법과 아이가 레슨을 받는 동안 바로 옆에서 지켜봐주는 방법이 있다. 두 가지 방법 모두 수영 레슨이 끝난 후에는 아이에게 잘했다는 칭찬과 격려로 힘을 실어주면 효과적이다.

··· "엄마 껌딱지, 분리불안증상이 심해요."

유아는 분리불안증상을 가지고 있어서 엄마 혹은 아빠와 절대 떨어지지 않으려고 한다. 보통 유아의 분리불안증상은 생후 15개월 전후까지 많이 나타나고, 이후에는 많은 분리를 경험하고 또 어린이집이나 또래 친구들과 놀이 등을 통해 사회성이 길러지면서 부모의 품을 조금씩 벗어나기 시작한다. 이 시기에 부모는 자녀에게 또래 친구들과 어울릴 수 있는 다양한 활동과 경험을 할 수 있도록 도와주어야 하는데, 그렇지 못하고 부모와 함께 있는 시간과 혼자 있어야 하는 시간들이 반복된다면 유아의 분리불안증상을 더욱 크게 키울 수 있다.

현재 분리불안증상을 가지고 있는 내 아이가 수영 레슨에 참여하려면 부모와 떨어져야 하는데 부모와 떨어지지 않으려 울고불고 떼쓰는 행동을 보일 때 아이와 함께 동요되면 절대 안 된다. 자녀의 이런 행동에 대해 마음이 약해서 다시 안아주고 달래주는 것은 오히려 이 증상들을 악화시키는 결과를 가져올 뿐이다. 이런 상황에 대해 부모는 당황하거나 불안해하지 말고 담담한 태도로 행동해야 하며, 부모의 감정을 아이에게 드러내어 화를 내거나 불안해하는 모습이 아이에게 그대로 느껴지지 않도록 하는 것이 중요하다.

수영 레슨이 끝난 후에는 다시 부모를 만날 수 있다는 신뢰와 반복된 칭찬을 통해서 아이 스스로 부모가 없어도 담당 수영 강사와 함께 잘할 수 있다는 자신감을 심어주는 것이 매우 중요하다.


··· **"있는 듯 없는 듯 밖에서 너무 조용해요."**

'너무 조용한 내 아이, 친구들과 잘 적응하고 있을까?'

'수영은 잘 배우고 있을까?'


부모는 아이를 수영장에 보내놓고 나면 궁금한 것이 많아지고, 아이가 잘하고 있는지 내심 걱정도 된다. 하지만 걱정할 필요 없다. 수영은 내성적이고 조용한 아이들에게 자신감과 자존감을 키워주는 유용한 도구가 되기 때문이다. 왜냐하면 수영은 마음속에 잠재되어 있던 스트레스를 해소해주고 육체적으로나 정신적으로 밝고 건강하게 만들어주기 때문이다. 이렇게 만들어진 자신감은 다른 사람들에게 자신의 의사를 표현할 수 있게 만들어주므로 그동안 마음속에 숨겨져 있던 힘들고 즐거웠던 기분들을 바깥으로 표현하게 변화시킨다.

수영은 남녀노소 모두가 함께 참여할 수 있는 스포츠 활동으로 부모, 형제자매, 친구들과 정서적 유대감을 형성하는 데 많은 도움이 되고, 친밀도 향상에도 큰 영향을 끼친다. 수영을 통해 만들어지는 건강한 경쟁심과 목표는 도전의식과 성취욕을 길러주어 적극적인 아이로 성장해 나가도록 한다.

··· "수영장이나 물놀이할 때 발가락도 넣지 않으려 해요."

아이들은 새로운 것을 접할 때 호기심을 갖기도 하고, 때로는 낯선 것에 대해 심하게 경계하기도 한다. 아이들의 성향에 따라 모두 다르지만, 예민한 아이들은 비행기 소리나 기차 소리, 수영장의 울림 등 소음을 극도로 싫어해서 귀를 막고 울기도 한다. 사실 수영장 환경은 각종 요인에 의해서 다른 곳보다 울림이 크게 작용하고, 이런 소음이 있기 때문에 일부 예민한 어린이들은 공포감을 느끼기도 한다. 이런 공포감으로 인해서 수영장 환경뿐만 아니라 신체나 얼굴에 물이 닿는 것도 싫어하게 되고 물속을 두렵게 생각하여 발조차 넣지 않으려 하는 아이들이 생긴다.

이런 성향의 아이들은 수영 레슨 진도에 신경 쓰기보다는 시간을 길게 잡고, 물에 서서히 적응하면서 수영이 두려움과 무서움의 대상이 아니라는 것을 일깨워주고 긍정적인 마음을 갖도록 유도하는 것이 어른들이 먼저 해야 할 과제이다.

물장구 및 수중보물찾기 등 아이들을 위한 다양한 수중 놀이들을 통해 즐거움을 느끼도록 만들면서 아이가 서서히 자연스럽게 물에 노출되면서 두려움을 잊도록 한다. 이때 만일 아이의 심적 상태를 고려하지 않고 억지로 잠수를 시키면 수영에 대한 부정적인 생각을 갖게 만드는 지름길이므로 부모는 아이에게 수영 레슨 진도에 대한 압박감과 못한다는 부정적인 말보다는 격려와 칭찬으로 자신감을 갖도록 해야 한다.

## 수영을 시작할 이상적인 시기는 언제일까?

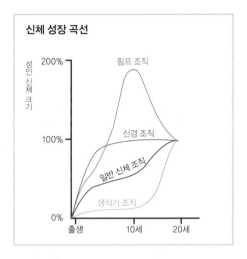

스캐먼(R. E. Scammon)은 1930년에 신체 성장 곡선을 발표했다.

신체 성장 곡선에 따르면, 편도선·임파선·장의 분비선 등의 분비 조직의 발육 곡선인 림프 조직(lymphoid)은 출생 후 급격히 발달하고, 감각기관과 신경·골수 등의 발달곡선을 나타내는 신경 조직(neural)은 5~6세 때 성인의 약 90퍼센트까지 도달하며, 12세 때에는 거의 완성되어, 14세 때 100퍼센트에 도달한다고 한다. 마지막으로, 신장, 체중, 근육, 골격과 호흡기 및 소화기관의 발달곡선인 일반 신체 조직(general)은 12세까지 완만한 발달을 보이다가, 그 후로 급속도로 발달하여 제2차 성징이 나타나게 된다.

따라서 수영은 감각과 신경조직이 급격히 발달되는 4~5세부터 시작하는 것이 좋다.

## 칭찬의 힘

아주 사소한 부분이라도
점점 발전하고 있다면 칭찬하라.

긍정적인 말과 칭찬은
조금 잘하지 못하더라도
아이 스스로 최선을 다하게 만들고,
수영하기 싫어하는 아이의 행동 또한
변화시킬 수 있는 힘을 가지고 있다.

# 내 아이의 수영용품에 대해 제대로 알자

수영용품은 수영하기에 편한 것으로 구매해야 하며, 수영 레슨을 받을 경우 아이가 활동하는 데 방해되지 않는 것이 좋다. 어린이 수영 레슨을 진행하다 보면 아이들에게 영법을 가르치기보다는 아이들의 물안경이나 수영복 등에 신경 쓰느라 시간을 낭비하게 되는 경우가 종종 있다.

"선생님, 눈에 물이 들어와요."
"선생님, 잘 안 보여요."
"선생님, 물안경이 너무 조여요."
"선생님, 수영복이 불편해요."
"선생님, 머리카락이 계속 빠져나와요."

이런 상황은 아이들이 사용하는 수영용품이 불량이거나 수영 레슨을 받는 데 적절하지 않은 것을 사용할 때, 또는 자신의 신체와 맞지 않아서 착용감이 좋지 않을 때 많이 발생한다.

물론 수영 강사들은 어린이들이 수영 레슨을 받는 동안 최상의 컨디션을 유지할 수 있도록 머리부터 발끝까지 제대로 준비되었는지 항상 살피고 수업을 시작하지만, 그럼에도 불구하고 찾아오는 이런 불편함들은 아이들이 수영 레슨에 집중하는 데 방해가 된다.

이럴 때 자기 의사를 잘 표현하는 어린이들은 수영 레슨을 받을 때 불편함이 느껴진다면 그것을 호소하며 선생님의 도움을 요청한다. 그러나 그렇지 못한 아이들은 자신의 물안경에 물이 가득 차올라도 말을 하지 않는다. 담당 수영 강사가 스스로 알아차릴 때까지 억지로 불편함을 감수하거나 수영 레슨 도중에 멈춰서 일어서기를 반복하며 혼자서 물안경에서 물을 빼내느라 애를 쓴다.

사실 아이들이 수영 레슨 도중에 불편함을 호소하는 이유는 다양하다. 자신의 물안경 속에 물이 차올라 눈이 불편한 경우, 수영모에서 머리카락이 계속 빠져나와 신경에 거슬리는 경우, 수영복이 너무 커서 벗겨지거나 말려 올라가서 불편한 경우 등 다양한 이유들이 존재한다.

이러한 경우에 아이가 사용하는 수영용품들이 수영 레슨을 받기에 적합한지, 혹시 불량은 없는지 확인해야 하고, 때에 따라서는 '수영용품의 재구매'가 필요하게 된다. 그러나 이런 문제들에 대해 대수롭지 않게 생각하는 부모들이 생각보다 많다. 비록 사소한 문제일지라도 아이들에게는 큰 영향을 미친다. 그러므로 관심을 가지고 내 아이가 어떤 것 때문에 불편한 것인지, 무엇 때문에 신경에 거슬리는지 대화를 통해 아주 기본적인 것부터 관심을 가지고 확인하는 것이 중요하다.

## 🤿 물안경의 올바른 선택은 수영 레슨의 집중력을 높인다

물안경은 다른 수영용품보다 더욱 수영 레슨의 집중력과 밀접한 관계가 있으므로 수영을 배울 때는 남녀노소 할 것 없이 물안경만큼은 견고하고 괜찮은 품질의 제품을 사도록 해야 한다. 특히, 물안경은 수영 레슨을 받으면서 쓰고 벗는 과정이 빈번한데, 품질이 좋지 않거나 불량 제품을 착용했을 때, 또는 눈과 물안경을 밀착시켜주는 실리콘 silicone 패킹이 견고하지 않아서 쉽게 분리되거나, 미세한 틈이 있어 물안경 내부로 물이 차오르게 되면 제 기능을 하지 못해서 아이는 눈에 이물감을 느끼게 된다. 이렇게 해서 시야가 불편해지면 수영 레슨을 받을 때 피로감도 빨리 찾아올 뿐만 아니라, 눈에 대한 심한 압박감으로 물안경 쓰기를 거부하는 아이들도 있다.

수영 레슨을 받을 때 신체의 어느 한 부분이 불편하다면 그만큼 레슨에 대한 집중력은 떨어질 수밖에 없으므로 아이의 물안경 선택은 매우 중요하다고 할 수 있다. 내 아이의 눈 건강을 지키고 수영 레슨에 대한 집중력을 향상시키기 위해서는 아동용 물안경을 구매할 때 어떤 것이 편리하고 적절한지 꼼꼼하게 따져서 선택해야 한다.

모든 사람들의 얼굴 크기나 형태가 각각 다르듯이, 아이들의 미간과 두상의 크기도 모두 다르다. 물안경의 모양과 크기 등이 아이의 얼굴 모양과 잘 맞아야 착용감도 좋고 누수가 되지 않는다. 물안경은 성인용과 아동용으로 나누어져 있고 제조사마다 다양한 디자인과 기능을 가지고 있어서 선택의 폭이 넓다. 하지만 간혹 품질이 좋지 못한 물안경을 구매할 경우 물안경으로서의 역할을 제대로 하지 못해서 다시 구매해야 하는 상황도 빈번히 발생한다.

그렇다면 부모는 아이의 물안경을 구매할 때 어느 부분을 잘 확인해야 할지 살펴보자.

**자동 조절 방식 머리끈 물안경**　　　　**고리형 머리끈 물안경**

첫 번째, 물안경의 코걸이 부분을 확인하라. 물안경을 착용했을 때 얼굴의 미간 사이를 조절할 수 있는 코걸이 간격이 아이의 얼굴과 맞지 않을 때도 물이 물안경의 내부로 들어오게 된다. 또한 물안경의 렌즈가 아이의 얼굴 모양과 다르게 밀착되면서 광대뼈나 눈 주위가 아플수 있다. 물안경을 구매할 때는 미간의 간격을 조절할 수 있는 코걸이 부분이 튼튼하게 잘 만들어져 있는지와 간격을 쉽게 조절할 수 있도록 되어 있는 제품인가를 확인해볼 필요가 있다.

두 번째, 물안경의 머리끈strap을 아이 혼자서도 쉽게 조절할 수 있도록 되어 있는지 확인하라. 우리가 스커트나 바지를 입을 때 벨트 역할을 하는 것이 바로 물안경에서는 머리끈이라고 할 수 있다. 그날의 몸 상태나 허리의 위치에 따라 어떤 날은 허리의 벨트를 조이기도 하고, 또 어떤 날은 살짝 느슨하게 하듯이 머리끈 역시 두상의 위치에 따라 그때그때 크기가 다르게 느껴질 수 있다. 같은 사이즈라도 어떤 날은 크게 느껴질 수도 있고, 또 어떤 날은 작게 느껴질 수도 있다는 것이다. 그렇기 때문에 아이들이 혼자서도 쉽게 조절할 수 있다면 더욱 편리하다.

물안경의 머리끈을 조절하는 방식은, 고리 방식으로 되어 있는 것이 있고, 자동 조절 방식 머리끈으로 되어 있는 경우도 있다. 고리 형태가 수영 레슨에 지장을 주지는 않지만, 어린아이들이 사용하기에는 자동 조절 방식 머리끈이 보다 편리하다.


## 🤿 어린이 물안경의 렌즈 색상은 밝은 것이 좋다

평소 생활과 익숙하지 않은 수영장에서 물안경을 쓰고 물속으로 들어가야 하는 것이 처음 수영을 접하는 아이들에게는 두려움이나 공포감을 줄 수도 있다. 또한 일반 안경과 같은 형태가 아니라, 물안경은 물이 눈에 들어가는 것을 방지하기 위한 밀착형이기 때문에 답답함을 느낄 수도 있다. 심리적으로 물안경을 처음 사용하는 아이는 시야가 확보됨에도 불구하고 눈과 귀를 막는 것 같은 느낌을 가지게 되면서 무서움을 느낄 수도 있다.

아이들이 잠수했을 때 수중에서 보여지고 느껴지는 환경이 매우 중요하다. 예를 들어, 어떤 환경이나 향기, 분위기에 따라 인간의 심리상태가 좌우되듯이 편안하고 안정감 있는 수영 레슨을 위해서는 물안경의 색상도 중요하므로 잘 선택해야 한다.

아이들이 어둡고 검은빛의 수중을 볼 때 느끼는 감정과 심리적 상태는 어떨까? 어린이들은 성인보다 직접 보이는 것에 더욱 민감하게 반응하기 때문에 밝고 따뜻한 느낌의 색상을 가진 물안경을 구매하는 것이 수영 레슨에 도움된다. 쉽게 말해 렌즈의 색상이 어둡고 짙을수록 수중에서 보이는 시야도 어둡기 때문에 투명이나 노랑, 주황, 밝은 파랑 등 아이들의 시야 확보에 밝은색의 렌즈를 구매하는 것이 좋다는 것이다.

처음 수영을 시작하는 아이들에게는 밝은 색상의 물안경을 사용하여 답답함을 조금이나마 해소하고 시각적으로 따뜻한 분위기를 느낄 수 있도록 하는 것이 도움된다.

### 🥽 제품 불량과 사용자 부주의에 의해 물안경의 수명이 달라진다

일반적으로 인터넷이나 마트에서 물안경의 품질이나 기능이 검증되지 않은 장난감용이나 일회용으로 쓰기 좋은 최저가 제품을 구입하여 수영 레슨용으로 사용하다 보니, 눈에 물이 들어오지 않도록 얼굴과 밀착시켜주는 렌즈의 실리콘 패킹이 자주 렌즈와 분리되는 일이 수영 레슨 도중에 종종 발생한다. 아이들이 물안경을 벗고 쓰는 과정에서 이것이 자주 분리되다 보면 렌즈와 분리된 실리콘 패킹을 다시 결합시키기 위한 시간이 그만큼 소요되고, 수영 레슨에 집중할 수 있는 시간을 낭비하게 된다. 그뿐만 아니라 분리된 패킹을 잃어버리게 되면 그 물안경은 다시 사용할 수 없으므로 다시 구매해야 하는 상황이 발생한다.

렌즈 불량으로 시야가 흐리거나 불규칙한 굴절이 생겨서 안경 착용자를 위한 물안경인 '도수 물안경'이 아님에도 불구하고 착용했을 때 어지러움을 발생시키는 경우도 있다. 이러한 렌즈의 직접적인 불량은 아이의 눈 건강에 해를 끼칠 수 있으며, 피로감과 두통을 유발시킨다. 신뢰가 가지 않는 판매처에서 구매했을 경우 교환과 반품이 오래 걸리거나 어려운 경우가 많으며, 같은 제품으로 교환했더라도 같은 상황을 발생시킬 가능성이 높다.

이처럼 물안경을 구매할 때부터 불량이거나 품질이 좋지 않은 제품들도 있지만, 사용자의 부주의에 의해 원래 제품의 수명만큼 사용하지 못하고 다시 구매하기도 한다.

렌즈의 내부를 손으로 문지르거나 샤워 시 수건으로 렌즈 표면을 닦는 경우 많은 스크래치scratch가 생길 수 있다. 이는 시야를 불편하게 만들기도 하지만, 눈의 피로감과 시력 저하 등의 상황을 발생시킨다. 그리고 한번 발생한 스크래치는 복구될 수 없기 때문에 올바른 물안경 사용법을 아이와 함께 숙지하는 것은 물안경을 오래 사용할 수 있도록 해준다.

물안경을 사용한 후에는 항상 청결한 상태로 보관하는 것이 중요하다. 흐르는 깨끗한 물로 물안경을 헹군 뒤 반드시 서늘한 곳에 말려서 렌즈가 손상되거나 실리콘 패킹에 곰팡이가 생기지 않도록 전용 보관 상자에 넣어서 보관하는 것이 좋다. 젖은 수건이나 수영복, 수영모와 함께 보관하는 것과 샤워하는 중에 따뜻하거나 뜨거운 물로 물안경을 세척하는 것은 물안경의 수명을 단축시키므로 반드시 주의해야 한다.


## 🥽 물안경은 '접촉성피부염' 등 알레르기를 일으킬 수 있다

아이의 면역 체계의 과민반응으로 품질이 검증된 물안경임에도 불구하고 알레르기로 인해 '접촉성피부염'이 발생할 수 있다. 물안경을 착용할 때 상대적으로 피부가 약한 눈 주위에 직접적으로 밀착되는 실리콘 패킹에 의해서 알레르기가 발생한 것인데 이런 아이들은 대부분 라텍스latex, 고무나 합성성분에 의한 알레르기를 가지고 있는 아이일 가능성이 크다. 물안경에 의해 알레르기가 생기게 된다면 눈 주위가 빨갛게 붓고, 가려움과 쓰라림을 발생시킨다. 심할 경우 눈이 떠지지 않을 정도로 붓기 때문에 알레르기가 발생했을 때는 전문의의 진료를 받고 알레르기 발생 요인인 실리콘 물안경의 착용을 피하도록 해야 한다.

물안경의 실리콘 고무에 민감한 아이들이라면 알레르기 방지 실링sealing이 되어 있는 물안경을 사용하거나 고무가 없는 노 패킹no packing 물안경을 사용하는 것이 접촉성피부염을 예방하는 길이다.


## 🥽 물안경의 김서림 현상에 대처하는 법

물안경을 사용하다 보면 렌즈 내부에 김서림fog이 발생한다. 김서림의 발생은 물안경의 불량 때문이 아니다. 일반적으로 처음 물안경을 구매하게 되면 렌즈 안쪽에 김서림 방지anti-fog 코팅이 되어 있어 일정

기간 동안은 깨끗한 시야를 확보할 수 있다. 하지만 물안경 사용 횟수가 늘어나면서 김서림 방지 코팅이 벗겨진다. 김서림은 렌즈의 바깥쪽은 수영장의 온도에 의해 차가워지고, 렌즈의 내부는 인체의 체온에 의해 따뜻해지면서 온도 차에 의한 습기로 인해 발생하며, 수영할 때 시야를 흐리게 만든다.

김서림 방지 기능을 가능한 오래 유지되도록 하기 위해서는 렌즈의 안쪽 면을 손으로 문지르거나 닦으면 안 된다. 그러나 아무리 품질이 검증되고 좋은 물안경이라 하더라도 김서림 방지 기능이 영구적이지는 않기 때문에 모든 물안경이 일정 기간 동안 사용하게 되면 김이 서리는 것은 당연하다고 할 수 있다.

이럴 경우, 김서림방지제(안티포그액)를 렌즈에 뿌려서 저하된 기능을 일시적으로 되살릴 수 있다. 이 액은 온도 차이로 인해 생기는 물방울들을 흡착하여 습기가 생기지 않게 하는 데 도움을 준다. 김서림방지제는 우리가 흔히 사용하는 비누나 세제에 들어 있는 계면활성제 성분인데, 물의 표면장력을 감소시켜 물방울이 서로 모이는 것을 막고 수막이 형성되게 하여 깨끗한 시야를 확보해준다.

이러한 액체형 김서림방지제 외에도 물안경 전용 김서림 방지 필름도 있다. 김서림 방지 필름은 물안경 렌즈 안쪽 면에 물기와 먼지를 완전히 제거한 다음 표면에 필름을 부착한 후 보호 필름을 제거하면 간단하게 사용할 수 있도록 되어 있어 편리하다. 매번 수영을 시작하기 전에 뿌려야 했던 액체형 김서림방지제와는 달리 한번 김서림 방지 필름을 붙이게 되면 매번 교환하지 않고 장기간 사용할 수 있다는 장점이 있다. 또한 기존의 액체형은 방지제를 물안경에 바르고 충분히 세척하지 않고 물안경을 사용하면 눈이 따갑거나 손으로 만졌을 경우에 얼룩이 생기기도 했으나, 김서림 방지 필름은 이러한 문제점들을 보완했기 때문에 필름 형태의 제품 사용이 점점 높아가고 있다.

### 🤿 멋지고 예쁜 수영복이 아이를 자연스럽게 수영장으로 이끈다

수영복을 구매할 때는 아이가 좋아하는 것으로 구매하는 것이 수영 레슨에도 좋은 영향을 미친다. 수영복을 구매하다 보면 부모가 생각하는 스타일과 아이가 좋아하고 입고 싶어 하는 스타일이 상반될 때가 많다. 그것은 어른과 아이의 시각 차이이므로 수영복으로서 기능상 별 문제가 없다면 아이의 의견을 존중해주는 것이 좋다.

수영복의 색상이나 인기 있는 캐릭터 등 전체적인 수영복의 디자인은 아이들이 갖고 싶어하는 판단의 기준이 된다. 어른과 아이는 서로 취향이 다르기 때문에 수영복을 구매할 때는 어른의 입장이 아닌 그것을 입을 어린이의 입장에서 생각하고 구매해야 한다. 간혹 수영복을 구매할 때 쓸데없이 어른으로서 권위를 내세우거나 강제적인 모습을 보이는 부모님들이 있는데 아이들에게 절대 그런 모습을 보여서는 안 된다. 아이의 개성과 취향을 존중해서 선택권을 갖게 하는 것은 아이들의 창의성을 증대시킬 뿐만 아니라 빨리 수영장에 가서 수영복을 입고 싶다는 마음을 갖게 한다.

스스로가 선택한 수영복, 자신이 생각했을 때 예쁘거나 멋진 수영복을 입는다는 것은 아이들이 수영을 시작하고 배움에 있어서 즐거움의 일부분을 차지하게 될 것이다.


### 🤿 수영복의 종류 대해 제대로 알고 구매하자

일반적으로 수영복은 수영 레슨용으로 사용하는 '실내용 수영복'과 해변이나 워터파크에서 사용하는 '실외용 수영복'으로 나누어진다. 일반적으로 실내용 수영복으로는 원피스 수영복과 반전신용 수영복이 있으며, 실외용 수영복으로는 비키니 수영복, 래시가드 등이 있다.

수영 레슨을 받기 위해서는 실내용 수영복을 구매할 것을 추천한다. 실내용 수영복이 수영 레슨에 적합한 이유는 아이가 레슨을 받을 때 활동하기 편하고 물의 배수가 원활해서 착용감이 가볍기 때문이다.

물론 아이가 화상이나 흉터 등 신체적인 콤플렉스를 가지고 있다거나 다른 아이들에 비해 추위를 많이 느끼는 체질이라면 신체의 일부분을 가려주거나 체온 유지를 위해서 래시가드 또는 슈트suit를 선택하기도 하는데, 자유형·배영·평영·접영 등 영법을 배우는 데 있어서 다소 불편함이 따를 수도 있다.

특히, 긴 팔 래시가드의 경우 몸에 잘 맞지 않는 것을 착용했거나 장시간 사용으로 인해서 늘어난 경우에는 래시가드의 늘어난 팔 부분이 손끝까지 내려와 영법 수영을 할 때 탈춤을 연상시키기도 하고, 수영할 때 어깨 부분이 말려 올라가서 수영 동작을 취하는 데 있어서 어려움이 따르기도 한다. 즉, 래시가드는 활동성이 실내 레슨용 수영복에 비해서 떨어진다.

사실 래시가드는 엄밀히 말해서 실내 수영복이라고는 할 수 없다. 아웃도어outdoor용으로 해변이나 워터파크에서 뜨거운 햇볕으로부터 연약한 피부를 보호하기 위해 착용하기 시작했으며, 이렇게 자외선 차단과 체온 유지뿐만 아니라, 계곡이나 바닷가에서 모래나 산호초 등에 의해 긁혀서 상처를 입는 것을 방지해준다. 또한 노출을 꺼리는 사람들의 신체를 가려주고, 다양한 디자인으로 몸매를 보정해준다는 장점이 있어서 실외에서 많이 착용하고 있다.

그밖에 슈트라는 것도 있다. 만일 아이들이 몸에 정확히 맞지 않는 큰 사이즈의 슈트를 입는다면 슈트 내부로 들어갔던 물이 밖으로 잘 배출되지 않아 몸을 무겁게 하므로 사이즈를 고려하여 몸에 잘 맞은 슈트를 입도록 해야 한다.

슈트는 수영복이나 래시가드에 비해 보온성이 매우 좋다는 장점을 가지고 있고, 또 몸에 잘 알맞게 입었을 경우 슈트 자체에 부력이 있어서 몸이 잘 뜨도록 한다.

## 🥽 래시가드에 길들여진 우리 아이 어떻게 하면 좋을까요?

요즘에는 실내 수영장에서도 래시가드를 착용하는 어린이들을 많이 볼 수 있다. 여름 시즌 야외 물놀이 때 입었던 래시가드나 남자 어린이의 경우는 트렁크를 편하다거나 체온 보호를 이유로 부모가 실내 수영장 레슨용으로 그대로 입혀서 보내기도 한다. 그러나 부모들이 래시가드에 대해서 하나 명심해야 할 게 있다. 대개 부모들은 처음 물놀이 복장으로 아이들이 래시가드 입는 것에 대해서 별로 대수롭지 않게 생각한다. 하지만 아이들에 따라서 래시가드에 길들여져서 상대적으로 신체 노출이 있는 일반 실내용 수영복을 절대 입지 않으려고 하는 일도 종종 발생한다.

수영에 대한 첫 기억은 아이들에게 오래도록 남는다. 어린이가 수영에 대해 즐거움과 흥미를 가지는 것은 매우 중요하지만 수영복 또한 수영 레슨에 있어서 무시할 수 없는 부분이다. 처음 수영을 시작할 때 래시가드처럼 상의를 입는 것이 습관이 되면 나중에 정식으로 수영 레슨을 받을 때는 당연히 래시가드를 입는 것으로 인식해버려 나중에는 "수영할 때는 무조건 래시가드를 입어야 한다"로 바뀌어 버린다. 물놀이할 때 래시가드를 착용하다가 일반 실내 수영복으로 바꿨을 경우 익숙하지 않기 때문에 아이는 그것을 새로운 변화로 느끼며, 심지어 예민한 아이는 신체 노출로 인해 심적 안정감을 상실하면서 옷을 다 벗은 것 같은 부끄러움을 느끼기도 한다. 이런 상태에 빠진 어린이에게 강제로 래시가드를 탈의시킨다거나 하면 더욱 불안해하고, 나중에는 수치심까지 느끼면서 수영 자체를 거부하는 반응을 보이기도 한다.

그러므로 부모가 아이에게 래시가드를 입히더라도 처음 수영을 시작할 때는 래시가드의 용도에 대해서 충분히 아이에게 설명해주고, 때에 따라서는 탈의해야 함을 인지시켜 혹시 나중에 래시가드가 없더라도 수영 레슨을 거부하는 일이 없도록 해야 한다.

만약 이미 래시가드에 길들여져 버렸다면 어떻게 해야 할까?

특히, 남자 어린이의 경우는 간혹 부모님이 상의를 깜빡하고 보내지 않거나, 새로 구매한 수영복이 하의만 있을 경우, 래시가드를 집에 두고 와서 수영복 바지만 대여가 가능한 경우 수영 레슨을 거부하거나 울고불고 떼를 쓰는 바람에 결국 수영 레슨을 제시간에 다하지 못하고 다시 집으로 돌아가는 일도 종종 발생한다.

심지어 초등학교 저학년의 경우 뛰어난 수영 실력을 갖추고 있음에도 불구하고, 래시가드를 벗고 싶지 않아서 수영대회에 참가하지 않으려 한다거나, 아니면 래시가드를 입은 상태로 수영대회에 나가기도 한다. 이런 상황을 극복하고 해결하기 위해서는 비록 아이가 어리더라도 아이가 쉽게 납득할 수 있도록 설명해주고 보여줌으로써 이해시킬 수 있다.

선수들의 수영 시합 영상을 보여주면서 수영복에 대해 설명해주기도 하고, 상의를 탈의하고 물놀이를 하는 또래의 남자 친구들과 함께 놀이를 하도록 하면서 점점 상의 탈의에 대한 거부감을 줄여가며 아이 스스로 그 상황을 받아들이도록 해야 한다.

래시가드는 특히 영법 시 저항을 많이 발생시키는데, 0.01초 차이로 수영대회의 승부가 바뀌는 수영 선수들에게는 수영복을 중요하게 생각하는 이유들 중 하나이다.

## 자기 수영복을 입을 수 없어서
## 다른 사람 수영복을 입어야 할 때

탈의실에서 한 엄마와 여자 어린이가 한참 실랑이 중인 것을 보았다. 이유는 자신의 수영복이 마르지 않아서 엄마가 대신 언니 수영복을 가지고 왔는데, 자기 것이 아니기 때문에 입기 싫다는 것이었다. 이미 수영 레슨 시작 시간이 훌쩍 지났는데도 도저히 아이의 고집을 꺾을 수 없어서 결국 다시 집으로 돌아갈 수밖에 없었다.

아이들은 자라면서 소유욕도 생기고, 자신의 물건에 대한 애착을 가지기도 한다. 특히, 자신의 신체와 밀착되는 수영복의 경우는 처음 수영을 시작할 때 '자신의 것'이라는 정의가 이미 내려진 상태이기 때문에 아이들의 수영복에 대한 집착은 더 강하다고 할 수 있다.

만약 이 여자 어린이처럼 자신의 수영복을 입을 수 없는 상황이 생긴다면, 부모가 마음대로 생각하고 결정하기보다는 수영장으로 출발하기 전에 수영복에 대한 아이의 의견을 물어보는 것이 도움이 된다.

"네 수영복이 젖었는데 수영할 수 있겠어?"
"네 수영복이 젖었으니까, 오늘은 언니 수영복을 입는 것은 어때?"

이렇게 먼저 아이에게 선택할 기회를 주고 동의를 얻는 것이 좋다.

# 신체 발달이 빠른 어린이는 성인 수영복을 구매한다

요즘은 아이들의 성장 시점이 빨라지면서 벌써 초등학교 5~6학년만 되어도 키나 몸이 성인과 거의 비슷한 어린이들이 많다. 이런 어린이들은 아동용 수영복을 입을 수 없으므로 성인용 수영복을 구매해야 한다. 하지만 성인용 수영복은 아동용 수영복과 달리 기능에 초점이 많이 맞춰져 있어서 선택하기 힘들 정도로 수영복의 종류나 기능성이 매우 다양하다.

성인용 수영복은 일반적으로 선수용 수영복, 준선수용 수영복, 일반용 수영복, 탄탄이 수영복, 저항 수영복으로 나누어진다. 이렇게 나누는 기준은 수영할 때의 활동성과 배수 기능 등 신체 노출 상태나 재질에 따른 것이다.

또한 성인용 수영복은 성별에 따라 남자 수영복과 여자 수영복으로도 나뉘는데, 남녀용 모두 용도에 따라 다리 부분의 파임이 달라져서 수영복의 노출 정도가 다르다.

먼저 여성 수영복에 대해 알아보겠다. 여자 선수용 수영복은 경기력 향상을 위해서 하이커트high-cut로 다리의 파임이 깊기 때문에 그것이 부담스러운 사람들은 준선수용 수영복으로 구매해야 한다. 준선수용 수영복은 중급 수준에서 고급 수준까지 착용하기에 적당한 파임으로 가장 선호도가 높다. 일반용 수영복은 노출을 부담스러워하는 사람들에게 좋으며, 다양한 수중 스포츠를 즐기는 모든 사람들이 편하게 접근할 수 있는 수영복이다. 일반용 수영복도 다소 부담스럽다면 '5부 수영복'을 착용하도록 하자.

　남성 수영복은 좀 더 세부적으로 삼각, 쇼트<sup>short</sup> 사각, 사각, 5부, 9부로 나누어지는데, 수영복의 높이와 길이를 확인하여 구매하는 것이 좋다. 선수용 수영복은 높이가 골반에 가깝고 물의 저항을 최소화하기 위해 다소 타이트하므로 이것이 부담스럽다면 길이가 길고 편안한 일반형 수영복으로 구매를 한다.

　'탄탄이 수영복'은 연습용 수영복으로 폴리에스테르<sup>polyester</sup> 100퍼센트 또는 80퍼센트 정도로 만들어져 신축성은 일반 수영복에 비해서 떨어지지만 물에 쉽게 손상되는 스판덱스<sup>spandex. 고무와 비슷한 탄성을 지닌 폴리우레탄 합성섬유</sup>가 섞여 있지 않기 때문에 수영복 수명이 길어서 오래 입을 수 있다는 장점이 있다. 일반 수영복은 스판덱스가 섞여 있어서 물에 의한 손상으로 수영복의 수명이 짧기 때문에 수영복 교체 시기가 탄탄이 수영복에 비해 빠르다.

　'저항 수영복'은 말 그대로 수영복 자체가 저항을 발생시켜 훈련하는 용도로 입는 수영복으로, 물의 흡수율이 높다. 육상 선수들이 허리에 타이어를 두르고 훈련하거나 다리에 모래주머니를 차고 연습하는 것처럼 수영 또한 그런 훈련을 하기 위해서 만들어진 수영복인데 선수들이 많은 근력과 힘을 사용하도록 만들어서 훈련의 효과를 높이기 위한 연습용 수영복이다. 저항 수영복은 일반적인 수영복처럼 하나만 입는 것이 아니라, 수영복 위에 겹쳐서 입어야 하는 것이 특징이다.

성인용 수영복을 처음 구매하는 부모는 온라인 구매보다는 아이와 함께 직접 오프라인 매장에 나가서 직접 눈으로 재질과 길이를 확인해 보고 구매하는 것이 교환이나 반품의 확률을 줄이는 길이다.

## 🤿 프로답게 수영복 관리하는 법

수영복은 어떻게 관리하느냐에 따라 수명에 상당히 차이가 난다. 어떤 아이들은 수영복을 두 달도 채 못 입는가 하면, 또 어떤 아이들은 수영복을 새것처럼 잘 관리하여 오랫동안 착용하기도 한다.

보통 일반 수영장이나 워터파크에서는 수질 정화를 위해서 염소 소독제인 차아염소산나트륨$^{NaClO}$을 사용하므로 살균과 소독 및 표백 기능이 있는 화학약품에 의해 표백작용을 일으켜 수영복이 변색되거나 옷감이 많이 상하게 되며, 반면에 어린이 전문 수영장이나 바다는 소금의 염분에 의해서 수영복에 영향을 미치므로 제대로 관리하지 않으면 수영복을 오래 입을 수 없다. 따라서 수영을 한 후에 수영복을 관리하는 방법을 제대로 알고 있으면 경제적으로 많은 도움이 된다.

많은 사람들이 수영복은 매일 입기 때문에 별도로 세탁과 건조를 하지 않고 그대로 가방 안에 처박아둔다든가, 아니면 손세탁 후에 습기 많은 욕실에서 걸어서 건조시킨다. 하지만 이렇게 완전히 건조시키지 않고 장시간 습기에 노출되면 곰팡이가 발생할 우려가 있다.

그리고 또 하나 유의할 점이 있다. 수영복은 다른 의류들과 함께 세탁기에 넣고 세탁하지 말아야 한다. 합성세제에 의해 수영복이 상할 뿐만 아니라 다른 의류들과의 마찰에 의해서 옷감이 빨리 상하기 때문이다. 또한 수영복에 남아 있던 수영장의 화학약품 잔여물이 다른 의류들을 변색시키는 요인이 되기 때문이다.

수영복을 입고 난 후에는 반드시 중성세제를 사용하여 미지근한 물에 손으로 가볍게 눌러서 세탁하고, 충분히 헹군 후에 손으로 가볍게 눌러서 물기를 짜거나 마른 수건으로 물기를 제거하여 직사광선이 없는 그늘에서 말리도록 한다. 이때 수영복을 비틀어서 짜거나, 탈수기나 뜨거운 건조기에 넣어서 말리면 수영복을 늘어나게 해서 수명을 단축시키는 요인이 된다.


## 🤿 장난감 고르기만큼 즐거운 수영모 구매

수영모의 종류와 색상도 수영복만큼이나 다양하다. 원색, 형광색, 파스텔색 등 다채로운 색상과 그림, 아이들이 좋아하는 디자인들로 만들어진 수영모는 아이가 장남감을 고르는 것만큼이나 즐거움이 따르는 일이다. 아이의 취향을 잘 알고 있는 부모가 직접 구매하는 것도 나쁘지 않지만 자녀와 함께 온라인 매장과 오프라인 매장을 이용하여 구매해보는 것은 더 좋다고 생각한다. 수영모를 자녀와 함께 선택하고 구매하는 과정에서 부모와 아이가 자연스럽게 소통이 이루어지며, 그를 통해 아이가 좋아하고 선호하는 색상이 어떤 것인지 파악할 수 있는 좋은 계기가 되기 때문이다. 부모는 아이가 좋아하고 선택하는 색상을 통해서 아이의 성향도 살짝 엿볼 수 있다.

수영모는 재질이나 기능에 따라 여러 가지가 있다. 대표적으로 실리콘 수영모, 코팅coating 수영모, 스판덱스 수영모와 메시mesh 수영모 등 네 가지로 나누어진다.

**실리콘 수영모**

'실리콘 수영모'는 다른 재질의 수영모에 비해서 아이들이 좋아하는 다양한 디자인과 색상의 모자가 존재한다. 실리콘 수영모는 머리에 압박감이 있는 대신에 물이 들어오는 것을 방지해서 염분이나 화학약품으로부터 머릿결을 보호하고, 찢어지지만 않는다면 반영구적으로 사용할 수 있다는 장점이 있다. 실리콘 수영모가 가장 많이 이용되고 있는 재질의 수영모이지만, 어린아이들이 혼자서 실리콘 수영모를 착용하기에는 조금 어려우므로 어른들의 도움이 필요하다. 또한 실리콘 수영모는 압박감 때문에 두통이 있다고 말하거나 머리카락이 실리콘 수영모에 눌려서 두피가 아프다고 호소하는 아이들도 있다. 따라서 처음 수영을 시작하는 아이들은 실리콘 수영모보다는 고무와 비슷한 탄성을 지닌 폴리우레탄 합성섬유인 스판덱스 수영모를 착용하여 수영모 쓰기에 익숙해진 후 천천히 성장해가면서 실리콘 수영모에 적응하도록 하면 좋다.

'스판덱스 수영모'와 '메시 수영모'는 압박감이 없어서 어린이들에게 좋은 착용감을 주지만, 대신 수영장 물로부터 머릿결을 보호해주지 못한다는 단점이 있다. 그리고 잘 늘어나는 특성 때문에 제품 수명이 짧아서 일정한 기간이 지나면 교체해주어야 한다는 단점이 있다. 특히,

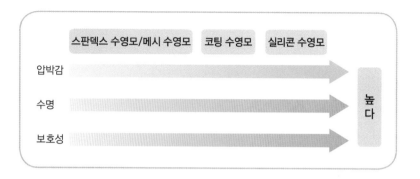

메시 수영모는 망사로 되어 있어서 머리의 열을 빨리 식혀준다는 또 하나의 장점도 가지고 있다.

코팅이 되어 있는 '코팅 수영모'는 실리콘 수영모와 스판덱스 수영모의 장점만을 모아서 만들어진 제품으로, 외부는 실리콘으로 코팅되어 있고, 내부는 천으로 되어 있다. 따라서 머리에 주는 압박감이 실리콘 수영모에 비해 덜하고, 물이 들어오는 것을 방지하여 머릿결도 보호해준다. 코팅 수영모는 실리콘 수영모보다 착용감이 편하고 스판덱스 수영모와는 달리 머리에 물이 들어오는 것을 방지해주지만, 관리를 잘 못할 경우에는 외부에 코팅한 실리콘이 갈라지거나 내부의 천에 곰팡이가 발생할 수 있기 때문에 잘 세척한 후에 반드시 뒤집어서 서늘한 그늘에 말리는 등 세심한 관리가 필요하다. 코팅 수영모는 폴리우레탄 polyurethane 100퍼센트로 코팅된 제품과 실리콘 100퍼센트로 코팅된 두 가지 유형이 있다.

그 외에도 아직까지 수입하는 곳이 적어서 보편적으로 착용되고 있지는 않으나 요즘 점점 수영 마니아들에게 인기를 얻고 있는 '라텍스 latex 수영모'도 있다. 라텍스 수영모는 실리콘 수영모보다 얇으면서 가벼워 머리에 가하는 압박감을 줄여주어서 라텍스 수영모의 매력에 흠

뻑 빠진 사람들은 이 수영모만 찾는 경향이 있는데, 가격 대비 품질과 성능이 매우 우수하기 때문에 이미 해외 선진국에서는 널리 각광을 받고 있다. 그러나 이 라텍스 수영모는 재질 자체가 비닐처럼 워낙 얇고 쉽게 찢어지기 때문에 머리에 착용하거나 보관할 때 손톱 등 날카로운 것에 주의해야 한다.

다만, 앞에서 물안경 알레르기에 대해 잠시 언급했듯이 천연 라텍스에 알레르기가 있는 사람은 이 수영모의 사용을 피하는 것이 좋다.


## 🤿 어린이 오리발은 직접 신어 보고 구매하라

아이가 수영 레슨을 꾸준히 하다 보면, 오리발을 구매해야 하는 시기가 온다. 오리발은 크게 훈련용 쇼트 핀trainning short fin과 롱 핀long fin으로 나누어지는데, 발차기 속도와 지구력 향상을 위해서 오리발을 사용하게 된다. 오리발을 사용하게 됨으로써 발목의 유연성과 다리의 근력이 향상되고, 효율적인 발차기를 통해서 스피드 향상에도 도움을 준다. 뿐만 아니라 이 오리발은 수영 시 자세 교정에도 많이 사용한다.

오리발을 구매할 때는 먼저 훈련용 쇼트 핀과 롱 핀 중에서 어떤 것을 구매할 것인지 결정하고, 이후에는 오리발의 전체 크기면적나 강도딱딱하고 부드러운 정도에 따라 어린이가 사용하기에 적합한 것으로 구매하면 된다. 오리발을 구매할 때 가장 좋은 방법은 수영 레슨을 진행하는 담당 수영 강사에게 조언을 얻는 것이다.

오리발을 구매할 때 가장 고민되는 부분은 사이즈다. 보통 오리발 사이즈는 10밀리미터 단위로 되어 있고, 오른발과 왼발의 구분이 없으며 신발 사이즈와는 달리 실측으로 측정된다. 발볼의 넓이나 길이에 따라, 또 출시되는 브랜드에 따라서 조금씩 사이즈가 다르고 착용감 또한 다르기 때문에 오리발을 구매할 때는 오프라인 매장에서 직접 신어 보고 구매하는 것이 실패할 확률이 적다. 만약 오프라인 매장에서 구매하는 것이 어렵다면 실측을 통해 온라인 매장에서 구매하기도 하는데 회사의 브랜드에 따라 실측 사이즈가 조금씩 다르므로 실측 도표를 잘 보고 확인한 후에 구매하는 것이 중요하다.

**오리발 구매 시 발 사이즈 실측 요령**

1. 발보다 크기가 큰 종이와 필기도구를 준비한다.

2. 종이 위에 발을 올리고 필기도구로 발의 길이를 표시한다.

3. 온라인 매장에 나와 있는 실측표를 보면서 자신의 사이즈를 선택한다.

4. 실측한 사이즈가 실측표보다 발볼이 넓다면 한 사이즈 크게 주문하고, 반대로 발볼이 좁다면 한 사이즈 작게 주문한다.

## 국가통합인증마크, KC마크를 꼭 확인하라

 아이들이 사용하는 수영용품을 구매할 때는 품질뿐만 아니라 안전성이 검토된 제품을 골라야 한다. 일부 대량으로 들어오는 중국산 제품 중에는 유해물질이나 안전성 등이 검토되지 않은 제품들도 있다.

 국가통합인증마크Korea Certification Mark, KC Mark는 사용자의 안전을 위해 13개 법정 강제 인증마크가 하나로 통합된 국가통합인증마크로 안전·보건·환경·품질 분야의 생산품을 유통하고자 할 때 반드시 받아야 하는 마크이다.

 만 13세 미만 어린이 대상 제품은 중금속 등의 위해물危害物, 물리적인 위해 정도에 대해 기준을 두어서 심사하게 되므로 수영복, 수영모, 물안경 등 우리 아이들이 사용하는 제품인 만큼 KC마크KC Mark가 표기되어 있는지 반드시 확인해두어야 한다.

아이를 수영 레슨에 보내기 전 수영용품들이 잘 갖추어졌는지 다시 한 번 꼼꼼히 확인해보자.

| 수영용품 | 알아야 할 사항 | 체크 사항 |
|---|---|---|
| ✦수영복 | 일반 의류는 물을 흡수하여 몸을 무겁게 만들지만, 수영복은 물의 저항을 최소화하고 배수를 원활하게 만들어져 있다. | ☐ |
| ✦수영모 | 수영모는 머리카락이 물을 흡수해 생기는 저항을 최소화하고, 수영장의 수질 관리를 위해 사용한 화학약품으로부터 머릿결을 보호하기 위해서 착용하기도 하지만, 수영장 내에 머리카락 등 부유 물질이 떠다니는 것을 방지하기 위해서 착용하도록 되어 있다. | ☐ |
| ✦물안경 | 공공 수영장에서 물안경은 눈을 보호해주며, 수영 레슨 시 넓은 시야를 확보하기 위해서 꼭 착용해야 한다. | ☐ |
| 수건 | 수영이 끝나고 샤워를 한 후에 사용한다. 위생을 위해서 개인용 수건을 사용하는 것이 좋으며, 수건의 종류에는 건식 수건과 습식 수건이 있다. | ☐ |
| 세면도구 | 어린이 전용 수영장은 어린이 전용 샴푸와 보디클렌저(body cleanser) 등이 대개 구비되어 있다. 하지만 그렇지 않은 곳도 있으므로 확인한 후 없으면 개인적으로 샤워할 때 필요한 것들을 준비하면 된다. | ☐ |
| 수영 가방 | 수영이 끝난 후 수영복과 수영모, 사용했던 수건은 젖은 상태이므로, 비닐 봉투나 일반 가방에 넣기보다는 방수가 되는 수영 가방을 준비하면 편리하다. | ☐ |
| 보디로션 | 수영을 하다 보면 물속에 오래 있게 되어 피부가 건조해지기 쉽다. 피부 보습을 위해서 보디로션(body lotion)을 구비하자. | ☐ |
| 기타 준비물 | 속옷, 양말 등. | ☐ |

✦ 표시는 어린이 수영 레슨 시 반드시 준비해야 하는 수영용품이다.

## 오늘은

집에서 말이 없던 우리 아이,
수영을 배우고 난 후부터
엄마와 대화, 아니 수다가 늘었다.


엄마, 오늘은 발차기를 배웠어요.
엄마, 오늘은 자유형 팔동작을 배웠어요.
엄마, 오늘은 배영을 배웠어요.
엄마, 오늘은······.

# 어린이 수영 레슨의 진행 흐름

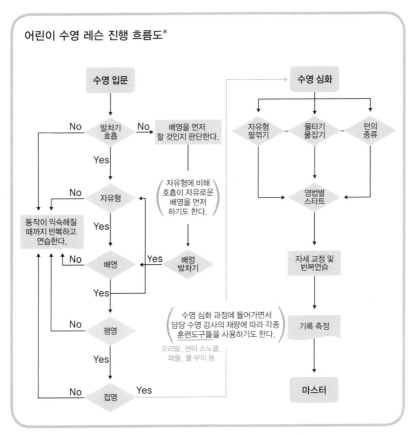

어린이 수영 레슨 진행 흐름도*

* 어린이 수영 레슨 진행 흐름도는 필자의 개인적인 견해로 제작된 것이므로 저작권은 제작자에게 있습니다. 저작권 표기 없이 어린이 수영 레슨 진행 흐름도의 무단배포를 금합니다.

수영장에서 진행되는 프로그램에 따라, 또한 아이들을 가르치는 강사에 따라 수영 레슨의 진행 방법이나 교육 계획이 다르며, 상황에 따라 아이의 특성에 맞춰서 수영 레슨 계획이 변경되기도 한다.

## 🤿 수영장에 들어가기 전

처음 수영장에 들어오면 무엇보다 수영장 환경에 적응하는 것이 제일 먼저 해야 할 일이다. 보통 처음 수영장에 등록하여 오게 되면, 수영장의 담당자가 아이를 안내하기도 하고, 부모가 아이와 함께 수영장의 시설을 둘러보고 환경을 살피기도 한다. 아이를 돌볼 때는 아이가 낯설어하지 않도록 수영장 입구에서부터 탈의실은 어디에 위치하고, 몇 번 레인에서 자신의 수영 레슨을 하는지 등 동선을 알려준다. 담당수영 강사는 함께 배울 또래 친구들과도 잘 적응하고 어울릴 수 있도록 자기 소개하는 시간을 갖기도 한다. 아이에게 편안하고 즐거운 환경이어야 수영 레슨을 지속적으로 이어나갈 수 있기 때문이다.

이렇게 수영장을 다 둘러보고 난 후, 수영복으로 갈아입기 전에 화장실에 다녀오도록 하고, 반드시 샤워를 하도록 한다. 아이들의 몸에 묻어 있는 로션이나 선크림 등 다른 이물질로 인해서 수영장 수질에 영향을 미칠 수 있기 때문이다. 샤워를 한 후에 수영복을 입고 수영모와 물안경을 착용하면, 수영 레슨을 시작하기 전 모든 과정이 완료된다.

## 🤿 수영 전 준비운동하기

어른과 어린이, 수영을 잘하는 사람이나 못하는 사람이나 누구를 막론하고 수영하기 전에 충분한 준비운동을 하지 않으면 근육 경련을 일으킬 수 있고, 운동으로 인한 상해를 입을 수 있다. 그렇기 때문에 반드시 준비운동을 해서 몸의 관절과 근육을 고르게 풀어주어야 한다. 또한 입수 시 물에 바로 뛰어들어가는 것이 아니라 발끝부터 서서히 입수해야 몸에 무리가 없다.

## 🤿 기본 발차기

가장 기본적인 '앞아발차기'를 먼저 배우게 된다. '앞아발차기'는 수영장 물속에 들어와 발을 딛기 전에 하는 발차기로 무릎을 펴서 다리 전체를 올렸다 내리는 연습을 하게 되는데, 주의할 점은 무릎이 굽혀지면 안 된다는 것이다. 발차기의 허벅지 근력을 향상시키는 데 도움이 된다.

앞아발차기 연습이 끝나면 이번에는 수영장 사이드 side 를 두 손으

로 잡아 양팔을 뻗고 두 발을 물에 띄워 몸의 수평을 유지하면서 하는 '수평뜨기발차기'를 연습하는데, 킥보드를 잡고 본격적인 발차기하기 위한 연습을 하는 것이다. 이때 몸의 힘을 빼고 수평을 유지해야 다리가 가라앉지 않는다.

여기서 잠깐 킥보드에 대해 설명하면, 킥보드는 대략 75센티미터 길이의 부력 있는 보드로서 수영 초보자가 물에 뜰 수 있도록 도와주어 수영 연습을 할 때 유용하게 쓰인다. 플로터보드floaterboard라고도 한다. 물속에서 뜨는 연습을 하거나 팔 돌리기 연습을 할 때 많은 도움을 준다. 킥보드의 움푹 패인 쪽을 몸쪽으로 하여 아래쪽 끝부분을 손으로 잡거나 킥보드의 상단부를 잡고 껴안듯이 사용한다.

'앉아발차기'와 '수평뜨기발차기'를 연습하고 나면, 킥보드를 잡고 본격적인 발차기 연습에 들어가게 된다. 처음에는 두려움으로 인해서 킥보드를 잡고 발차기를 하면서 앞으로 전진하는 것과 몸에 힘이 들어가 수평을 유지하는 것을 다소 어려워하는 아이들도 있다. 하지만 꾸준히 반복연습을 하면서 이 동작에 익숙해져 두려움이 사라지게 되면 재미를 느끼게 된다.

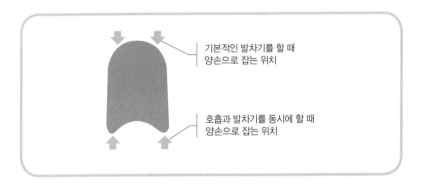

기본적인 발차기를 할 때 양손으로 잡는 위치

호흡과 발차기를 동시에 할 때 양손으로 잡는 위치

## 호흡하기

호흡은 수영을 배울 때 매우 중요한 과정으로 호흡을 충분히 연습해야만 자유형을 배우는 데 입문할 수 있다. 처음에는 입과 코를 이용하여 물속에서 거품을 내는 연습을 하게 되고 충분히 이 연습이 이루어졌으면 "음~파~"를 배우게 된다. 쉽게 설명하면, 입으로 공기산소를 들이마시고, 물속에서 공기를 내뱉어 거품을 만드는 것이다.

아이들이 수영에 입문했을 때 가장 어렵고 힘들어하는 과정으로, 이때 강제로 얼굴을 물속에 넣는다거나 다그치면 수영에 대한 트라우마가 생길 수 있다. 따라서 아이가 자연스럽게 물에 대한 두려움이 없어져 스스로 잠수할 수 있을 때까지 시간을 두고 조금씩 연습하면서 기다려줘야 한다.

## 🤿 호흡하며 발차기

호흡을 연습하고 나면 그다음 단계로 호흡하기와 발차기를 동시에 연습하게 된다. 호흡하는 것에 문제만 없다면 머리를 들고 발차기하는 것보다 수평을 유지하는 것이 쉬우므로 다리가 더욱 잘 뜨게 되기 때문에 쉽게 발차기를 할 수 있다.

그러나 간혹 적응 기간이 다른 아이들에 비해서 오래 걸려 호흡하며 발차기하기를 어려워하거나 호흡 때문에 자유형을 꺼리는 아이들은 담당 수영 강사의 판단에 따라 자유형을 건너뛰고 배영을 먼저 배우기도 한다. 배영의 기본 동작을 배울 때는 호흡이 다소 자유롭기 때문에 아이들이 배영을 더 좋아하는 경우도 많다.


## 🤿 자유형 배우기

흔히 말하는 자유형freestyle 또는 crawl stroke이란 두 팔을 교대로 움직여 젓고 발차기를 하면서 지속적인 추진력을 얻으며 앞으로 나아가는 영법으로 네 가지 영법 중에서 가장 속도가 빠르다고 할 수 있다. 일반적으로 수영 레슨에 들어가면 가장 먼저 배우게 되는 영법 중 하나다.

아이들이 자유형을 배울 때 힘들어하는 것은 호흡할 때 머리를 옆으로 돌려야 하기 때문이다. 머리를 옆으로 돌릴 때 귓바퀴에 고여 있던 물이 귀 안으로 들어가기도 하고, 호흡이 짧은 경우에는 쉽게 숨이 찰 수도 있다. 또한 물속에서 코로 공기를 내뱉어야 하고, 머리를 옆으로 돌려 입이 물 밖으로 나왔을 때 공기를 들이마셔야 하는데 타이밍이

맞지 않아 물속에서 들이마시게 되면 물이 코 안이나 입속으로 들어가
거나 물을 먹는 경우가 생긴다.

자유형 팔 돌리기 동작에 들어가게 되면, 호흡과 체력, 어깨의 유연
성, 발차기 등이 요구된다. 자유형의 기본적인 자세가 만들어지고 25미
터 이상 완주하는 실력을 갖추기까지는 아이들의 특성, 연령, 배우는
횟수나 환경에 따라 시간적으로 차이가 있을 수 있다.

**자유형 동작**

## 🤿 배영 배우기

배영backstroke은 위를 향해 누워 양팔을 번갈아가며 돌리는 동시에 발차기를 하는 것을 말한다. 수평을 유지하지 못하고 몸이 구부러지면 가라앉는 원인이 되므로 주의해야 하며, 발끝은 아래로 자전거 타듯 내려 차는 것이 아니라 물 표면을 올려 차야 한다.

배영에 입문하게 되면, 맨 먼저 담당 수영 강사의 도움을 받으며 물 위에 수평으로 눕는 연습부터 해야 한다. 처음 물 위에 누워야 한다는 긴장감으로 인해서 목이나 어깨에 힘이 많이 들어가거나, 엉덩이가 아래로 빠져서 수평을 유지하지 못하게 되면 가라앉게 된다. 담당 수영 강사의 도움 없이 어린이가 혼자서 연습할 때는 보조 헬퍼helper를 이용하거나 킥보드를 안고 발차기를 연습하는 것이 많은 도움이 된다. 아이들은 배영 발차기를 할 때 킥보드를 놓쳐서 물에 빠지는 것보다 반대편에 다 와 갈 때 벽에 머리를 부딪히는 것을 더욱 두려워한다. 따라서 배영 연습을 할 때는 수영장 천장에 표시되어 있는 배영 반환점 표지 깃발을 알려주어 거의 도착했다는 사실을 아이들이 인지할 수 있도록 하여 심적으로 안정감을 주도록 한다.

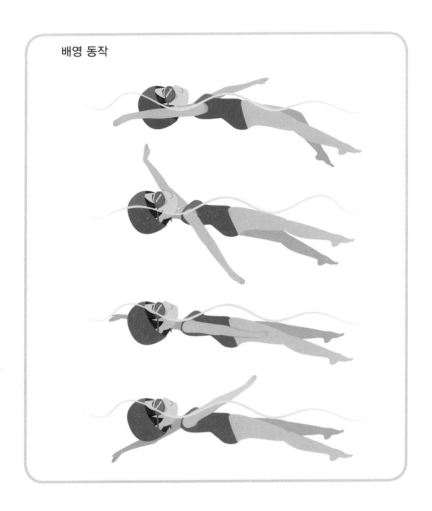

배영 동작

## 🤿 평영 배우기

평영breaststroke은 일명 '개구리헤엄'으로도 불린다. 평영 동작을 제대로 하기 위해서는 발차기가 매우 중요한데 수영 발차기 중에서 아이들이 가장 어려워하는 것이 바로 평영 발차기이다. 평영 발차기는 관절의 유연성이 요구되므로 처음 배울 때는 추진력이 없어서 다리가 계속 가라앉아서 아이들이 재미없어 할 때도 있다. 그래서 아이들이 이 단계에서 부모에게 수영을 그만두고 싶다는 말을 가장 많이 한다. 그러나 이 동작이 익숙해지고 나면 오히려 평영 발차기는 쉬운 동작처럼 느껴진다. 유일하게 물 밖으로 발차기 소리가 나지 않는 것이 바로 '평영 발차기'이다.

**평영 동작**

**평영 배우는 순서**

평영 발차기 ⇒ 평영 팔 동작 ⇒ 평영 콤비

평영 발차기를 할 때 양쪽 다리의 힘이 다르거나 추진력이 없을 때, 또는 몸의 균형이 맞지 않으면, 몸이 기우뚱거려서 불안정하게 느껴진다. 이러한 상태를 고치려면 꾸준한 연습을 통해서 몸의 균형이 좋아지도록 해야 한다.

---

### 평영 발차기의 두 가지 형태

#### 웨지 킥(Wedge kick)

개구리 발차기와 가장 유사한 방법으로, 초급자도 쉽게 배울 수 있는 발차기이다. 고관절(股關節), 무릎, 발목 관절의 유연성이 떨어진다면 웨지 킥을 배우는 것이 쉽다. 하지만 웨지 킥은 익히기 쉬운 만큼 발바닥의 면적을 이용하여 물을 밀어내기 때문에 추진력이 약하고, 저항이 크다는 단점이 있다.

#### 휩 킥(Whip kick)

발차기할 때 다리를 접은 모양이 w자와 비슷하다고 'W자형 발차기'라고도 하는데, 추진력이 좋아서 선수들이 가장 많이 사용하는 킥이다. 대신에 고관절과 무릎, 발목 관절의 유연성이 좋아야 유리하다. 추진력이 좋고 성인보다 아이들이 관절이 유연하기 때문에 휩 킥을 주로 아이들에게 가르친다. 그러나 휩 킥은 평소에 취하지 않는 자세와 근육을 사용하므로 이 동작을 익히는 것이 다소 까다롭다.

---

## 🤿 접영 배우기

'수영의 꽃'이라 불리는 접영 butterfly stroke 은 양발을 모은 상태에서 발차기를 상하로 하면서 허리에서 나오는 웨이브와 힘에 의해 발끝으로 물을 밀어내고 이때 양팔이 수평을 유지하면서 동시에 돌려야 하는 동작이다.

어른들뿐만 아이라 아이들에게도 접영은 체력 소모가 매우 많은 영법이다. 발차기 연습을 통해서 허리와 배의 근력을 키우고 웨이브와 팔, 다리 등 모든 동작의 타이밍이 일치해야 접영을 멋지게 완주할 수 있다. 수영 강사의 판단에 따라 아이들이 접영을 할 때 몸에 리듬감을 익히고 발차기의 힘을 얻기 위해서 간혹 어린이용 오리발을 이용하기도 한다. 다른 영법과는 달리 두 다리를 모아 동시에 발차기를 해야 하므로 처음에는 몸을 띄우기가 다소 힘들지만 지속적인 연습을 통해 충분히 감각을 익힐 수 있다.

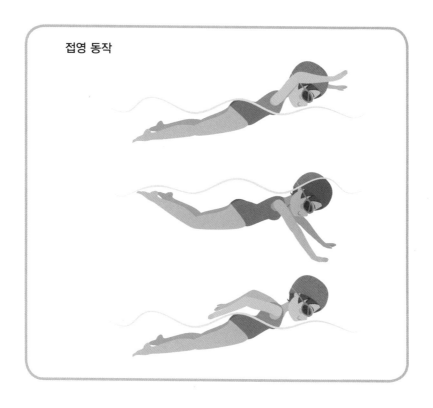

**접영 동작**

## 🤿 세부적인 수영 기술 배우기

기본적인 모든 영법을 익히고 나면 다시 처음으로 돌아가 세부적인 수영 동작들을 익히게 된다. 자유형 팔꺾기와 추진력을 얻기 위한 영법별 물잡기, 스타트, 턴의 종류 등 이제부터 진짜 수영의 고급 기술에 들어간다. 세부적인 수영 기술을 배우게 되므로 효율적으로 수영할 수 있는 요령도 터득하게 된다.

## 🤿 훈련용품을 사용하여 자세 교정하기

수영은 꾸준히 자세를 교정받지 않으면, 시간이 지나면서 자세가 조금씩 바뀐다. 특히, 어린이는 어린 나이에 수영을 배우게 되므로 성인보다 빨리 수영 기술을 습득하는 대신, 그만큼 빨리 잊어버리기도 하고, 또 성장하면서 신체 구조가 변화하는 것도 수영 자세 변화에 영향을 미친다.

자세 교정 시 동영상을 찍어 잘못된 부분을 인지하고 교정해 나가는 방법과 적절한 수영 훈련용품을 사용하는 것도 많은 도움이 된다. 근력과 지구력, 유산소 능력을 향상시키고 자세를 교정하기 위하여 다양한 훈련용품들이 사용되고 있다.

킥보드 / 풀 부이          오리발

수영 레슨에 사용하는 대표적인 훈련용품들로는 킥보드, 헬퍼, 풀 부이pull buoy, 오리발, 센터 스노클center snorkel, 패들 등이 있다.

'접영'이 수영의 마지막 단계가 아니라고요?

일반적으로 '자유형 → 배영 → 평영 → 접영' 순으로 수영을 배우게 된다. 그렇기 때문에 "접영까지 배우면 모든 수영 배우기는 끝났다"라고 오해하게 된다. 심지어 어른들까지 그런 오해를 한다. 그러나 어린이들이 6개월에서 1년 정도의 기간 내에 수영을 접영까지 배웠다는 것은, 곧 기본적인 영법 동작을 익히고 상급 정도의 실력을 갖추게 되었음을 의미한다.

모든 영법에는 기본적인 동작 외에도 세부적인 동작 또한 존재한다. 이 세부적인 동작을 익히기 위해서는 기본 동작을 배우는 동시에 체력과 호흡을 늘려야 하고, 자세 교정은 물론이고 고급 기술을 배우기 위해서는 앞서 배운 것들이 모두 바탕이 되어야 한다.

나이가 어려서 짧은 시간에 배울 수 있었던 영법은 1~2개월 정도의 짧은 휴식 기간에도 동작을 잊어버리는 아이들이 많다. 특히, 다른 영법에 비해서 상대적으로 체력 소모가 많고 허리의 유연성과 근력을 요구하는 접영은 반복연습 기간이 반드시 필요하기 때문에 영법을 완전히 몸에 익히기 전까지 아이들은 쉽게 잊어버리게 된다. 따라서 "접영까지 배웠으니, 이제 수영은 다 배운 것이다"라는 성급한 생각은 버려야 한다.

# 처음

수영을 배워나갈 때
누구나 겪는 어려움이 있다.

처음 발차기를 할 때
처음 들숨과 날숨을 배울 때
처음 자유형 머리와 팔을 돌릴 때
처음 킥보드를 떼고 자유형을 할 때
처음 물 위에 누웠을 때
처음 평영 발차기를 할 때
처음 평영 콤비를 할 때
처음 접영 발차기와 웨이브를 할 때
처음 장거리에 도전해볼 때
처음 대회에 출전할 때

이 모든 것이 처음이기 때문이다.

# 어린이 수영대회 100배 즐기기

　그동안 수영을 배우면서 갈고닦아온 실력을 마음껏 뽐낼 수 있는 어린이 수영대회가 전국적으로 개최되고 있다. 개인 사설 수영장에서 자체적으로 대회를 개최하기도 하고, 각 지방자치단체나 법인, 협회 및 연맹 등에서 주관하고 주최하는 등 수영 인재를 선발하거나 수영인의 화합을 도모하기 위해 개최되는 다양한 수영대회들이 있다.

## 🤿 가벼운 마음으로 어린이 수영대회에 출전시켜라

"우리 아이는 수영을 배운 지 얼마 안 돼서 다음번에 출전할게요."

"아이가 잘하지도 못하는데 수영대회에 나갈 수 있을까요?"

"우리 아이는 수영 선수로 키우지 않을 거라 수영대회에 출전하지 않을 거예요."

어린이 수영대회는 꼭 수영 선수가 되기 위해서 또는 수영을 잘해야만 출전할 수 있는 것은 아니다. 수영대회의 종류에 따라 초급 단계의 아이들도 출전할 수 있는 발차기 경기가 있고, 수영할 때 부력을 도와주는 헬퍼나 킥보드를 이용할 수 있는 작은 수영대회도 있다.

모든 경쟁을 부정적인 시각으로 바라볼 것이 아니다. 교육적인 면에서 어린이들에게 수영대회 출전을 통한 건전한 경쟁심과 긴장감은 동기를 부여하고 실력을 증진시키는 중요한 역할을 한다. 수영대회 참가는 아이들에게 경쟁을 경험하게 만들고, '결과'를 중심으로 모든 상황이 끝나는 것이 아니라, 다시 도전하고 자신의 노력 여하에 따라 또 그것을 변화시킬 수 있다는 믿음과 도전정신을 갖도록 하는 기회로 볼 수 있다. 이런 경험은 아이가 살아가면서 자신의 삶에 있어서 목표했던 것이나 원하는 것을 얻지 못하거나 잠시 모든 것이 무너지는 순간이 닥쳐왔을 때 이것을 극복하고 다시 무언가에 도전할 수 있는 힘을 길러준다.

## 🤿 대회에 참가하는 것은 또 다른 수영의 즐거움이다

"선생님, 수영대회에 나가기 싫어요."

수영을 오래 배우다 보면 한 번쯤 수영대회에 출전할 기회가 생기고, 수영을 잘하는 아이들은 작은 수영대회를 통해 더욱 큰 수영대회도 접해볼 수 있는 기회가 주어진다. 그러나 실력은 있지만 마음이 긍정적이지 못하거나 수영대회에 나가는 것을 싫어한다면, 아무리 좋은 기회라 하더라도 그 기회를 놓치기 마련이다.

수영대회에 참가하다 보면 중간에 기권하는 어린이들이 종종 있다. 물론 정말 몸이 아파서 못 오는 아이들도 있지만, 긴장감과 스트레스 때문에 대회 자체를 거부하면서 생기는 일이다. 아이가 수영대회에 출전하지 못하는 것은 실력이 안 되기 때문이 아니라 용기와 자신감 결여로 못하는 경우가 많다.

요즘 아이들은 육체적으로나 정신적으로 빨리 성장하는 만큼 이미 두려움이나 긴장감이 어떤 것인지 잘 알고 있다. 성향에 따라 그런 것을 즐기는 아이들도 있지만, 강한 거부감을 나타내는 아이들도 있다. 수영대회는 두려움과 긴장감만 존재하는 것이 아니라, 성취감과 즐거움도 함께 공존한다는 것을 아이들이 경험할 수 있도록 해주어야 한다. 적절한 놀이나 게임을 통해서 긴장감을 해소할 수 있도록 하고, 맛있는 것을 먹고 사진을 찍으면서 대회장의 분위기를 즐길 수 있도록 어른들이 도와주어야 한다.

또한 좋은 결과에 대해서는 아이들이 자만심을 가질 수 있는 칭찬보다는 더 큰 대회를 경험해볼 수 있도록 유도하고, 반대로 아쉬운 결과에 대해서는 그것이 발판이 되어 다음 대회에 또 도전하고 적극적으로 준비하는 자세를 가질 수 있도록 응원하고 격려해주어야 한다.

### 🤿 수영 대회를 통해 실력을 업그레이드하라

어른뿐만 아이라 어린이들도 수영을 배우다 보면 정체기가 오는데 이것을 극복하는 것은 자신과의 싸움이라 할 수 있다. 정체기 때 수영 대회 참가는 아이들에게 활력을 줄 수 있다. 적당한 압박과 긴장감, 기대감 등이 수영대회를 준비하는 동안 수영 레슨에 집중하도록 만들고, 아이들에게 목표를 세울 수 있는 동기가 될 뿐만 아니라, 자신의 최대치를 발휘할 수 있는 원동력이 된다. 대회를 앞두고 80~90퍼센트의 능력을 발휘했다면, 수영대회 당일에는 100퍼센트 이상의 실력을 발휘하게 되는데, 실전에서 연습 때보다 기록이 1~2초 정도 단축되는 것이 바로 그런 이유이다.

수영대회 분위기는 전체 관중들의 시선과 에너지에 반응하여 자기의 능력 이상으로 노력하게 되므로 정체되어 있던 실력을 한 단계 높이게 되는 계기가 되어 실력 향상을 위해서라도 대회를 이용하는 것은 좋은 방법이다. 수영대회를 신청하여 종목을 선택할 때는 반드시 아이의 의견을 존중해야 한다. 수영대회 신청하다 보면 부모가 생각하는 종목과 아이가 원하는 신청 종목이 다를 때가 많다. 보통 수영대회에서 개인 1인 두 종목을 신청할 수 있도록 되어 있는데, 아이와 부모가 생각하는 종목이 완벽하게 일치하면 좋지만, 그렇지 않은 경우도 상당하다.

"상을 받을 수 있는 가능성이 있느냐?"

특정 종목에 출전할 때 아이가 생각하는 관점과 어른이 생각하는 관점이 확연히 다를 때가 많다. 어른들은 분석적이고 성과에 초점이 맞춰져 있기 때문에 아이가 좋아하는 종목보다는 결과, 즉 상을 받을 수 있을지를 예상하여 수영 종목을 신청하는 경우가 많다. 그러나 아이들은 자신이 하고 싶은 종목을 선택하고 싶어 한다. 부모가 절대 양보를 하고 싶지 않다면, 이럴 때는 아이와 타협하는 것도 좋은 방법이다. 아이가 출전하고 싶어 하는 한 종목과 가능성이 높은 한 종목에 출전하게 함으로써 자신이 결정한 것에 대한 만족감과 책임감을 느끼게 되고, 게다가 좋은 성과까지 얻게 된다면 더욱 자신감 있는 아이로 성장해나갈 수 있다.

제발 욕심을 버리자! 자녀가 수영을 하면서 즐거워한다면, 어느 순간 발전되어 있는 실력을 보게 될 것이다.

## 🤿 아이를 진심으로 믿고 기다려라

수영에 대한 감각뿐만 아니라 운동신경에서부터 신체적 조건까지 타고난 아이들이 있다. 이런 아이들은 스스로 수영을 즐길 뿐만 아니라 수영 레슨 진도가 굉장히 빠르며, 마치 인어를 보는 듯 타고난 감각을 마음껏 발휘해 물을 자유자재로 컨트롤할 수 있다. 이런 아이들이 정말 진심으로 수영을 좋아하고 적극적으로 배우려 한다면 굉장히 성장할 가능성이 있다. 하지만 선천적으로 타고난 재능이 있더라도, 좋아하지 않고 단지 부모의 강압에 의해 마지못해 하는 것이라면 분명히 정체기나 슬럼프가 왔을 때 그것으로부터 빠져나오지 못하고 도중에 그만둘 것이다. 이와 반대로 타고나지 않았더라도 후천적인 노력으로 실력과 재능을 만들어가는 아이들이 있다. 스스로 노력하는 이 아이들은 시간이 걸리더라도 꾸준한 노력을 통해서 점점 실력을 발전시켜 나가고, 자신만의 목표가 생기게 된다. 목표가 있는 아이들과 없는 아이들의 향상 속도는 눈에 띄게 다르다. 다른 아이들보다 조금 늦더라도 자녀가 좋아한다면 관심을 가지되, 믿고 기다려야 한다.

## 🤿 수영대회 첫 출전은 완주하는 데 목표를 둔다

2014년, 필자는 서른 명 남짓 되는 어린이들을 데리고 처음으로 전국 마스터스 수영대회에 출전하게 되었다.

주변의 많은 사람들이 무모한 도전이라고 생각했지만, 수영대회가 주는 설렘과 긴장감, 기대감 그리고 동시에 경험하게 될 패배를 교훈 삼아서 수영을 배울 때 동기부여의 계기가 되었으면 하는 마음으로 강행했다. 수영대회는 아이들 스스로 자신만의 목표를 설정하는 계기가 되고, 수영 레슨을 함에 있어서 최선을 다하도록 만든다.

가능성이 희박한 도전임을 알면서도 많은 구성원들이 수영대회 준비를 도와주었고, 나의 기획을 적극적으로 지지해주었던 많은 사람들이 있었기에 아이들에게 좋은 경험과 추억을 만들어줄 수 있었다.

대회 참가 경험이 전무했던 천진난만한 우리 어린이들은 예상대로 첫 대회에서 처절한 패배를 맛보았다. 하지만 전국에서 모인 많은 어린이 출전자들과 함께 수영 경기를 치르면서 자신의 실력을 스스로 판단하게 되는 좋은 계기가 되었다.

출전한 어린이 선수들 중 90퍼센트 이상이 꼴등이었다. 그러나 단 한 명도 끝까지 경기를 포기하지 않고 완주해주었다. 필자는 그 아이들이 너무 자랑스러웠고, 전보다 아이들이 성숙한 것 같아 뿌듯했다.

최선을 다해 완주했던 꼴등에게 보내는 많은 사람들의 응원과 환호 소리가 아이들에게 1등보다 더 가치 있는 경험을 해주었으리라고 믿는다.

그리고 아이들에게 이 말을 꼭 전해주고 싶다.

"수영대회에 도전하는 용기 있는 너희들의 마음과 그것을 위해 노력하고 최선을 다하는 값진 시간에 의미를 두어라."


## 🤿 더 많이 보고, 듣고, 경험하라

2014년 수영대회 참가 이후 내가 가르친 많은 아이들이 2015년을 고대하고 있었다. 수영대회 출전으로 몰라보게 수영 실력이 달라졌을 뿐만 아니라 대회 전날에는 늘 긴장하며 울고, 대회 당일에는 기권하려고 했던 아이들이 어느새 한층 더 성장해 있었다.

수영대회가 언제 있느냐며 개최되는 대회 날만 손꼽아 기다리는 아이들까지 생겼다. 그러나 안타깝게도 2015년 봄에 중동호흡기증후군 Middle East Respiratory Syndrome, 즉 메르스MERS 사태의 영향으로 개최 예정이었던 전국 수영대회와 많은 행사들이 취소되면서 솟구치던 아이들의 기대와 열정이 한풀 꺾여버려서 너무 아쉬움이 컸다.

실력이 늘기 위해서는 많은 대회 출전 경험이 중요하다. '우물 안 개구리'가 되기보다는 전국에서 모인 많은 어린이들이 대회에 참여하는 과정을 눈으로 직접 보는 것이 도움된다. 가장 중요한 것은 수영대회 출전을 앞둔 아이와 부모가 긍정적인 마음을 갖는 것이다.

백문불여일견百聞不如一見. 부모와 아이들에게 대회의 중요성이나 수영대회 참가에 대해 수십 번, 수백 번을 말하는 것보다 직접 경험하도록 하는 것이 확실하게 알 수 있고, 또 아이의 실력 향상도 느낄 수 있다. 무엇이든지 실제로 경험해야 중요성을 깨달을 수 있다.

경험이 쌓여 실력이 되고, 실력이 쌓여 결과가 된다.

매해 앞으로도 우리 아이들에게 더 많은 값진 경험들을 할 수 있도록 하는 것은 부모의 믿음과 격려뿐이다.

## 진정한 1등

처음으로 출전한 수영대회에서
우리 아이들 대부분이 꼴등으로 들어왔지만,
마지막까지 포기하지 않고
최선을 다하는 우리 아이들의 모습이
나에게는 1등보다 최고로 멋졌다.

– 2014년 고성군수배 전국 마스터스 수영대회에서 –

# 수영용품을 분실하지 않으려면

수영장마다 매달 넘쳐나는 분실물은 수영 강사들의 최대 고민거리다. 이것을 해결하기 위해 방안을 마련하고 분실물의 주인을 찾기 위해 늘 노력하지만, 잃어버린 아이들뿐만 아니라 부모님들도 적극적으로 찾으려 하지 않아 주인 없는 물건들이 분실물 함에 방치될 수밖에 없다.

돌봄 서비스 담당 선생님이 있는 어린이 전용 수영장에서의 수영 레슨이나 그룹 레슨 또는 개인 레슨과 같이 소수 인원일 경우에는 잃어버리지 않게 챙겨주는 게 쉽다. 그러나 단체 레슨의 경우에는 다수 아이들의 물건들을 담당 수영 강사가 일일이 누구의 것인지 기억하기 어렵고 챙기는 것도 어렵기 때문에 분실물이 많이 생긴다. 그렇다면 분실물이 생기지 않기 위해서는 어떻게 해야 할까?

첫 번째는 잃어버리지 않게 물품의 주인인 개인이 잘 기억하고 챙기도록 가르치는 것이다. 그러나 어른들도 물건을 잘 잃어버리는 사람들이 있듯이, 아이들도 수영용품을 분실하거나 그냥 두고가는 경우가 많기 때문에 만약 수영용품을 분실하더라도 찾을 수 있는 가능성을 최대한 많이 열어두는 것이 좀 더 현명하고 현실적인 방법이다.

아무리 저렴한 가격에 구입한 수영용품이라도 물건을 잃어버리면 신경 쓰이게 되고, 또다시 구매해야 하는 번거로움과 그만큼 시간과 비용이 더 들게 된다. 잃어버리고 난 후에 후회하기보다 잃어버리기 전에 잘 관리하고, 잃어버렸다면 그것을 찾기 위한 노력도 중요하다.


### 🤿 수영복과 수영모에 아이의 이름을 표시해준다

분실을 막기 위해 아이의 수영용품에 이름을 표시하는 방법은 이미 부모들도 잘 알고 있지만 의외로 잘 실천되지 않고 있다. 보통 물안경과 수영모, 수영복을 구매하면 아이가 수영장에 가기 전 귀찮더라도 반드시 이름을 적어주어야 한다. 오늘내일 미루다가 결국 이름 적는 것을 잊어버리고, 지금까지 별일 없으니 괜찮을 것이라는 생각을 하다 보면 그만큼 분실의 위험에 노출되는 것이다.

이름을 표시하는 방법은 다양하다. 미적인 부분을 고려한다면 의류용 네임 라벨name label이나 스탬프stamp를 이용하면 좋다. 세탁을 하더라도 지워지지 않으며, 수영복이나 수영모 외에도 의류 및 학용품 등그 쓰임새가 다양하여 한 번 구매해두면 계속 사용할 수 있다. 1만 원이하의 투자로 수영용품뿐만 아니라 기타 아이의 물건들을 잃어버리더라도 다시 찾을 수 있는 가능성을 높이게 된다.

바느질을 하는 경우도 있다. 네임 라벨이나 스탬프를 구매했지만 아직 받지 못했을 때나 아니면 아직 구매하지 않았을 때 임시로 아이의 수영복이나 수영모에 이름을 바느질해서 표시하기도 하며, 재봉틀을 이용해 아이의 이름을 적기도 한다.

만약 바느질이 귀찮다면 아주 간단한 방법이 있다. 유성펜으로 적는 방법인데, 수영모나 수영복에 옷의 정보가 들어 있는 라벨에 아이의 이름을 표시하는 것이다. 라벨이 없다면 수영용품에 직접 적도록 한다. 다만, 일정한 시간이 지나면 점점 이름이 희미해지긴 하지만 꽤 오랫동안 유지된다.

### 🤿 이름을 표기하기 까다로운 물안경은 이렇게 관리하라

수영복과 수영모보다 제일 분실하기도 쉽고 또 한 번 분실하면 찾기도 힘든 것이 바로 '물안경'이다. 비슷한 것도 많을뿐더러 대부분 이름을 표기하는 것이 까다롭기 때문에 이름 적기를 포기하는 수영용품 중 하나이다.

첫 번째 방법은 유성 볼펜을 이용해서 이름을 쓰는 것이다. 물안경의 머리끈에 유성 볼펜으로 아이의 이름을 적어두면, 그 수명이 길지는 않지만 효과가 있다. 이 유성 볼펜은 물에 잘 지워지지는 않지만, 서서히 희미해지기 때문에 수시로 이름이 잘 보이는지 확인해야 한다는 단점이 있다.

두 번째 방법은 방수 네임 라벨을 이용하여 이름을 붙이는 것이다. 최근 물안경에 이름을 표기하는 방법 중 가장 간단하고 간편한 방법이다. 다만, 방수 네임 라벨은 고무 재질인 물안경의 머리끈에 잘 밀착되지 않고, 설사 밀착된다 하더라도 금방 떨어져 버린다는 단점이 있다. 방수 네임 라벨을 붙이려면 최대한 작게 만들어 물안경을 착용했을 때 시야가 방해되지 않는 렌즈 부분에 붙이면 매우 효과적이다.

### 🤿 수영용품을 사진으로 찍어 휴대폰에 저장해둔다

아무리 부모가 직접 아이의 수영용품을 구매해주었더라도 분실한 것을 찾을 때 묘사하는 데에는 한계가 있을 수 있고, 또 세부적인 것은 생각나지 않을 때가 많다. 생각이 난다면 색깔과 모양 정도일 것이다. 다행히 브랜드 이름까지 알면 좋지만 수영용품의 브랜드 종류가 워낙 다양하고 비슷한 디자인의 것이 많기 때문에 헷갈리기 마련이다. 이렇게 분실했을 때 아이가 착용한 모습이나 수영용품을 개별적으로 찍어둔 사진이 있다면 수영장의 담당자나 수영 강사가 분실물을 찾는 데 많은 도움이 된다.

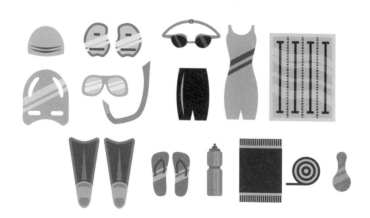

## 🤿 수영 레슨 후 샤워장에서 수영용품 잘 챙기는 비법

수영용품 중에 아이들이 가장 많이 잃어버리는 것이 물안경이고, 그 다음을 차지하는 것이 수영모이다. 수영 레슨이 끝나고 수영장에서 샤워를 할 때 물안경, 수영모, 수영복을 벗고 어딘가에 두었다가 나중에 자기 것을 챙기려면 하나씩 없기도 하고, 챙겼다고 생각했는데 집에 가면 없는 경우도 있다. 반면에 어떤 어린이는 고의가 아니었음에도 불구하고 가방 안에 다른 아이의 것이 들어 있는 경우도 있다. 모든 수영용품이 비슷하게 생기기도 했지만, 아주 눈에 띄게 특이하지 않는 이상 다른 아이들과 수영용품이 섞이게 되면 서로 잘 구분하지 못한다는 것이다.

이렇게 아이들의 수영용품이 서로 섞이지 않도록 하기 위해서는 다음과 같이 교육하면 잃어버릴 확률이 확 줄어든다.

수영 레슨이 끝나고 샤워장에 와서 수영복을 벗을 때 수영모 안에 물안경과 수영복을 모두 넣도록 한다. 그리고 샤워가 끝난 후에는 자신이 닦은 수건을 펼쳐서 그 위에 물안경과 수영복이 들어 있는 수영모를 올려놓은 후 돌돌 말아 감싼 후 가방 안에 넣도록 한다.

이렇게 하면 수영용품이 분산되어 잃어버릴 확률도 확 줄이고 수영복에서 흐르는 물기도 수건이 흡수해줌으로써 수영 가방 안에 물이 고여 흐르는 것도 막아줄 수 있다.

## 판단하기

귀로 듣는 소문보다
직접 눈으로 보고 판단하라.
광고나 소문만을 믿고
내 아이를 온전히 맡긴다는 것은
잘못된 판단이다.

아이를 위한 시간을 내어
전화 상담을 하고 직접적인 견학을 통해
수영 프로그램의 특성을 파악하고,
내 아이를 믿고 맡길 수 있는 곳인지
신중하게 결정하라.

아이들에게
첫 수영에 대한 기억이 평생을 간다.

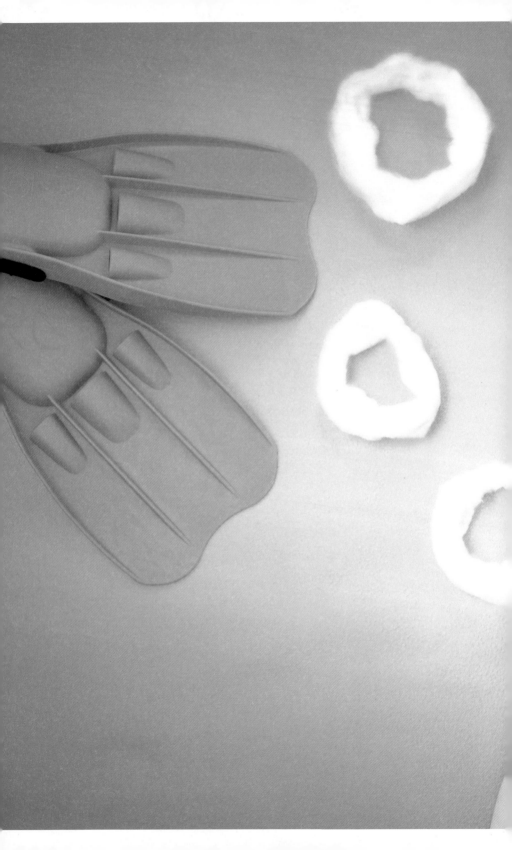

부모님이 꼭 물어보는
'어린이 수영'에 관한 궁금증

## Q1.      "겨울에 수영을 배우는 게 더 좋다고요?"

활동량이 감소하는 겨울에는 체력과 면역력이 떨어질 수 있으므로 오히려 다른 계절보다 운동이 더 필요하다. 수영은 사계절 운동이지만, 아직까지 많은 사람들이 겨울철보다는 여름철 운동으로 생각하고 있다. 그러나 외국처럼 실외에 수영장이 있어서 날씨에 큰 영향을 받는 게 아니라면, 그렇게 생각할 필요는 없다. 사실 우리나라의 수영 레슨은 거의 대부분 실내에서 이루어지므로 날씨나 온도의 영향을 받지 않는다.

전국의 모든 수영장이 사계절 모두 수영장의 평균 수온을 유지하는 관리 시스템으로 이루어져 있기 때문에 수영은 겨울철에도 부담 없이 즐길 수 있는 '실내 운동'이라 할 수 있다.

겨울에는 외부의 차가운 공기와 날씨 때문에 우리의 몸이 많이 움츠러들고 본능적으로 추운 날에는 움직임을 최소화하려고 한다. 동물의 경우에는 몸에 지방을 축적하여 겨울철에 대비하고 겨울잠을 통해 신체 활동을 최소화하여 겨울잠을 자기 전 축적해둔 지방으로 겨울 추위를 이겨낸다. 그러나 동물과 달리 사람은 겨울철에 웅크리고만 있으면 운동 저하로 인해 발생하는 지방 축적은 비만 및 면역력 저하 등 각종 질병으로 이어질 확률이 높다.

> **수영장 물의 적정한 온도는 몇 도일까?**
>
> 수영장 수온의 국제적인 기준은 24~27도이지만, 일반적으로 수영장마다 수온이 다르다. 우리나라의 공공 수영장은 보통 26~29도 사이에서 유지되고 있으며, 어린이 전용 수영장은 수온이 30~33도 정도로 따뜻하게 관리되고 있다.

### ⋯ 비용 대비 수영 레슨의 질이 높아진다

겨울철 수영에 대한 인식이 아직까지 높지 않기 때문에 대부분 겨울 수영장의 분위기는 매우 여유롭다. 즉, 여름이나 다른 계절 대비 겨울철에 수영을 하는 사람이 대체로 적다는 것이다. 수영 레슨의 질은 강사 한 명이 정해진 시간 내에 다수의 인원을 가르치는 것보다 소수 인원일 때 더 높아질 수밖에 없다. 강사 한 명당 가르칠 수 있는 인원이 작을 경우, 1인당 가르칠 수 있는 시간이 늘어나기 때문이다. 수영 레슨 진도도 다수의 전체 평균에 맞춰 진행하는 것보다 소수 인원의 평균에 맞추게 되는 것이 훨씬 유리하며, 인원이 더 작을 경우에는 개별적으로 진도를 나갈 수 있다는 장점이 있다.

또한 소수 인원의 수영 레슨이 수업에 집중력을 발휘하기가 쉽다.

### ⋯ 겨울철에는 인기 있는 강사에게 개인 레슨을 받을 수 있다

여름철이 되면 단체 레슨, 개인 레슨 할 것 없이 전국에 있는 모든 수영 강사들의 성수기가 된다. 여름철에는 대부분 활동하기 좋고 낮

시간이 길어서 시간적으로 여유가 많다 보니 무더운 여름에 시원하게 할 수 있는 운동인 수영을 많이 선택한다. 그러다 보니 자연스럽게 수영 레슨을 받고자 하는 사람들이 많아지고, 그에 따라 강사들의 활동이 늘어나기 때문에 수영 강사들의 스케줄이 대부분 포화 상태에 이를 수밖에 없다. 만약 선호하는 강사가 있다면 원하는 강사의 수영 레슨을 받기 위한 경쟁률 또한 치열해진다.

아무리 체력이 좋은 수영 강사들이라도 많은 스케줄을 소화해내다 보면 피곤해져서 본의 아니게 수영 레슨에 소홀해질 수 있다.

하지만 겨울철이 되면 대부분의 부모들이 수영은 여름 스포츠라는 인식으로 인해서 스키나 보드 등 겨울에 야외에서 즐기는 스포츠나 실내에서 따뜻하게 할 수 있는 다른 스포츠들을 선택한다. 그렇기 때문에 겨울철에는 계절의 영향을 받는 수영 강사들의 스케줄이 여유로워지면서 원하는 강사에게서 수영 레슨을 받는 것이 더욱 쉬워진다.

이처럼 겨울철에는 여름보다 육체적으로나 정신적으로 여유가 많아서 아이들에 대한 지도가 더욱 세심해지기 때문에 겨울에 수영 레슨을 받는 것이 더욱 유리할 수 있다.

### … 겨울철 수영은 근육과 관절에 무리를 주지 않는다

겨울철에는 추위로 인해 모든 근육과 신경 등이 움츠러들기 때문에 자칫 잘못하면 근·골격계에 부상을 입을 수 있다. 또한 활동량이 적기 때문에 다른 계절에 비해 몸의 유연성이 떨어지고 체력도 저하되기 쉽다. 특히, 나이가 든 사람의 경우 겨울이 되면 추위로부터 발생하는 뇌출혈이나 심근경색 등이 발생할 수 있는 환경에 노출되기 쉬우므로 실내 운동인 수영은 겨울철에 하기 좋은 가장 좋은 유산소 운동으로 관절이나 근육에 무리를 주지 않는다.

수영하는 동안 몸의 근육은 물과 마찰을 통해서 마사지를 받는 효과를 얻을 수 있고, 또 무거운 겨울옷에 눌려서 혈액순환이 떨어지기 쉬운 아이들의 피부와 근육이 호흡하게 되면서 성장에도 영향을 미치게 된다.

### ··· 건조한 겨울철 호흡기를 촉촉하게 해준다

겨울철에 차갑고 건조한 환경의 실내와 외부의 온도 차로 인해서 신체 저항력이 많이 떨어지게 된다. 또한 난방을 하는 실내의 경우는 호흡기가 더욱 건조해지기 쉽고, 호흡기 점막이 건조해지면 바이러스나 각종 세균 등에 대한 면역력이 떨어진다. 겨울철 수영장의 습도 및 수온은 높다. 따라서 수영은 겨울철 건조해진 호흡기를 촉촉하게 해주고, 규칙적인 호흡을 통해서 폐활량이 늘게 되어 호흡기가 건강해진다.

## Q2. "수영 경영 종목에 대해 알고 싶어요."

물에서 하는 수영 경기는 경영競泳, 다이빙diving, 수구水球, 싱크로나이즈드스위밍synchronized swimming 등으로 이루어졌다. 이러한 수영 경기 중에서 경영은 일정한 거리를 빠르게 헤엄쳐서 그 속도를 겨루는 스포츠이다.

수영 경영의 종목은 자유형, 배영, 평영, 접영이 있으며, 단체전으로는 릴레이 형식으로 네 명이 한 조가 되어 동일한 거리를 왕복하면서 빠르기를 겨루는 '계영繼泳'과 정해진 거리를 네 명의 선수가 배영, 평영, 접영, 자유형의 순서로 헤엄을 쳐서 속도를 겨루는 혼계영混繼泳이 있다. 그리고 개인이 혼자서 접영, 배영, 평영, 자유형의 각 영법으로 같은 거리를 차례로 이어서 헤엄치는 '개인혼영個人混泳'이 있다.

**올림픽 수영 경영 종목**

| 종목 | 거리(미터) | | | | | |
|---|---|---|---|---|---|---|
| | 50 | 100 | 200 | 400 | 800 | 1,500 |
| 접영 | | ○ | ○ | | | |
| 배영 | ○ | ○ | ○ | | | |
| 평영 | | ○ | ○ | | | |
| 자유형(남) | ○ | ○ | ○ | ○ | ○ | ○ |
| 자유형(여) | ○ | ○ | ○ | ○ | ○ | |
| 개인혼영 | | | ○ | ○ | | |
| 계영(릴레이) | | | ○ | ○ | ○ | |
| 혼계영 | | | | ○ | | |

위의 올림픽 수영 경영 종목과 달리 전국체육대회 및 전국 마스터스, 동호인 아마추어 등의 국내 수영대회에는 접영 및 평영 50미터와 혼계영 200미터가 있으며, 대회의 특성이나 계획에 따라 경영 종목이 없거나 변경될 수 있다.

## Q3.     "수영복 안에 속옷을 입혀야 하나요?"

  일반적으로 수영복 안에는 속옷을 입지 않는다. 그렇기 때문에 아이가 수영복을 입을 때는 반드시 속옷을 벗고 입도록 교육해야 한다.

  수영장에서 속옷을 입는다면 수질 오염의 우려도 있을 뿐만 아니라, 속옷은 인체의 땀을 흡수하고 피부가 숨을 쉴 수 있는 기능에 초점이 맞춰져서 만들어졌으므로 물을 흡수하게 되며, 그것으로 인해서 저항이 발생한다. 그래서 앞으로 나아가는 추진력과 물이 흡수된 속옷의 무게 때문에 수영 레슨 시 몸이 무겁게 느껴질 수 있다.

  수영복은 물의 저항을 최소화하고 몸속으로 들어온 물을 쉽게 배출하여 몸이 무겁지 않도록 하고 몸에 옷이 밀착되어 저항을 발생시키거나 벗겨지지 않도록 만들어져 있다. 쉽게 말해, 속옷과 수영복은 전혀 다른 기능에 목적으로 두고 만들어졌으므로 함께 입으면 안 된다.

## Q4.    "아동용 수영용품은
어디서 구매하는 것이 좋을까요?"

수영용품을 판매하는 곳은 다양하다. 크게 온라인 매장과 오프라인 매장으로 나눌 수 있는데 각각의 장단점을 잘 고려하여 구매하면 좋다. 온라인 매장은 수영용품을 선택할 수 있는 범위가 넓고 제품들이 다양하게 구비되어 있어 사이즈만 정확히 알고 있다면 구매하는 것이 그렇게 까다롭지는 않다. 또한 온라인 매장별 가격대를 비교해서 구매할 수 있기 때문에 다소 저렴한 가격에 구매 가능하다는 것이 큰 장점이다.

그러나 일반 의류와 마찬가지로 직접 눈으로 보고 입어봐서 나에게 맞는지 확인하고 구매할 수 있는 것이 아니기 때문에 착오가 있을 수 있고, 아이의 신체 사이즈가 온라인 매장에서 파는 것과 맞지 않는다거나 불량 제품의 구입이나 변심 등에 따른 반품이나 재수령 등으로 반품 비용을 지불해야 하고, 또 오물이 묻었을 경우 반품 거부 등 다소 귀찮은 일도 발생할 수 있다.

그에 비해 오프라인 매장은 직접 눈으로 보고, 입어보고 구매할 수 있으므로 구매 시 실패율이 적으며, 색감이나 디자인 등을 보다 정확하게 알 수 있다는 장점이 있다. 또한 수영복이나 오리발의 경우에는 사람마다 사이즈가 다르므로 첫 구매 시에는 특히 더 직접 입어볼 수 있다는 장점이 있는 오프라인 매장을 이용하는 것이 더 유용하다.

**많은 사람들이 이용하는 대표적인 수영복 판매 온라인 매장**

히카리스포츠(www.hikarisports.co.kr)

매버릭수영복(www.maverikswim.co.kr)

가나수영복(www.swim.co.kr)

스윔닥터몰(www.swimdoctormall.co.kr)

랠리스포츠(www.rallysports.co.kr)

수영복나라(www.swimnara.com)

수미사(www.sumisa.co.kr)

스윔토네이도(www.swimtornado.com )

수영사랑(www.swimlove.co.kr)

아레나몰(www.arenamall.co.kr)

## "아이가 수영용품을 잘 잃어버리는데 저렴하게 구입하는 방법이 있을까요?"

앞서 언급했듯이 수영복의 경우 사이즈만 정확하게 잘 알고 있다면 여러 온라인 쇼핑 매장의 가격을 비교하여 저렴한 제품으로 구매할 수 있다. 또는 온라인 매장이나 오프라인 매장에서 이월상품을 균일가로 판매하는 곳을 찾아서 구매하면 40퍼센트 이상 저렴한 가격으로 구매할 수 있다. 게다가 수영 레슨을 받기 위한 수영용품들은 일반 의류보다 유행을 타지 않기 때문에 이월상품이라 하더라도 큰 차이를 느낄 수 없다. 그리고 당월상품이라도 공동 구매가 가능한 곳도 있다. 공동 구매자가 많이 모일수록 배송비 등 구매 가격을 더욱 저렴하게 낮출 수 있어서 많은 동호인들이 이용한다. 다음 카페나 네이버 카페 등 수영 관련 커뮤니티에 가입하게 되면 그곳에서 공동 구매와 관련된 정보를 얻을 수 있다.

수영 동호인들을 위한 수미사 www.sumisa.co.kr 는 대표적인 공동 구매 사이트로 많은 사람들이 이용하고 있다.

## Q6. "딸 아이가 수영을 배우면 어깨가 넓어질까요?"

아마 많은 사람들이 궁금해하는 내용일 것이다. 그리고 대부분의 사람들이 수영을 하면 그 효과로 어깨가 넓어진다고 알고 있다. 그러나 사실과는 다르다. 수영을 하면 어깨가 넓어지는 것이 아니라 어깨 주위의 근육들이 발달하여 넓어 보이는 것뿐이다. 일반적으로 수영 선수들은 어깨가 넓은데, 그것은 성장기 때 혹은 그전부터 장시간 지속적으로 고강도의 수영 훈련을 해왔기 때문이다.

그에 비해 일반적인 어린이 수영은 수영 선수가 되기 위해 장시간 훈련을 하는 것이 아니라 하루에 고작 40~50분 정도 짧게 하고 있으며, 성인의 경우에는 이미 성장기가 지난 후이므로 어깨의 골격이 넓어질까 봐 걱정할 필요는 없다.

오히려 성장기 어린이에게 적당한 수영은 정서적으로나 육체적으로 건강하게 만들며, 성장에 많은 기여를 한다. 또한 수영은 전신운동으로서 몸의 균형이나 조정력이 향상되고, 움츠렸던 어깨가 펴짐으로써 공부하는 아이들의 자세가 좋아진다.

## Q7. "사춘기에 접어든 아이에게
수영을 가르치고 싶은데
살찐 외모 때문에 부끄러워해요."

    수영을 배우라고 권하면 많은 사람들이 몸매 때문에 수영장에 가는 것이 부끄러워서 못 가겠다고 대답한다. 다이어트를 하고 난 후, 또는 몸을 조금 만들고 가겠다는 사람들이 대다수이다. 그러나 수영은 몸을 만든 다음에 가는 곳이 아니라, 괜찮은 몸을 만들고, 또 건강을 증진하고 유지하기 위해서 가는 곳이다.

    사춘기 아이들은 식욕도 좋고 활동량도 많다. 그러나 공부만 해야 하는 한국적 현실 때문에 책상에만 앉아 있다 보면, 소아비만으로 이어질 가능성이 높다. 따라서 몸매 때문에 부끄러워서 못 가겠다는 경우에는 사춘기 자녀에게 수영이 몸매 관리에 얼마나 좋은지를 논리적으로 이해시키고 수영의 필요성에 대해서 이야기해주면 많은 도움이 될 것이다. 그리고 실제로 수영장에서는 자신의 몸이 물속에 들어가 있으므로 상상하는 것만큼 잘 보이지 않는다는 사실을 설명해주는 것도 설득하는 데 도움이 된다.

## Q8.　　　"아이와 함께 3대가 수영을 배우고 싶어요."

　수영은 유아부터 성장기 청소년, 관절이 좋지 않거나 약한 노인, 천식 환자, 비만 등 남녀노소 불문하고 즐길 수 있는 평생 스포츠이다. 노인에게 수영은 전신운동으로서 근육의 퇴화를 방지하고, 다른 운동과는 달리 반중력 운동으로 허리나 관절에 무리를 주지 않으면서 심폐 기능 및 순환기 계통의 질환을 예방하고 강화시켜주는 역할을 한다.

　또한 온 가족이 함께 수영을 하게 되면 아이의 정서 발달에 긍정적인 영향을 미칠 뿐만 아니라, 가족 구성원 상호 간에 공감대 형성과 정서적 유대감, 친밀감, 일체감을 갖게 하여 '가족응집력'이 높아지는 역할을 한다.

　수영은 유일하게 할아버지·할머니, 엄마·아빠, 아이 등 3대가 함께할 수 있고, 또 몸에 무리가 가지 않는 반중력 운동이다.

## Q9. "아이의 수영모가 잘 벗겨지는데 새로 구매해야 하나요?"

아이의 수영모가 잘 벗겨지는 이유는 천 수영모일 경우에는 장시간 사용으로 인해서 늘어나 그 수명을 다했기 때문이다. 그러나 실리콘 수영모가 잘 벗겨진다고 한다면, 이마와 머리에 남아 있는 화장품의 잔여물이나 머리를 감은 후에도 트리트먼트나 린스의 미끄러움을 유발하는 물질이 남아 있기 때문이다. 따라서 수명을 다한 천으로 된 수영모는 새것으로 교환할 필요가 있고, 실리콘 수영모는 손상이 없음에도 불구하고 잘 벗겨진다면 비누를 사용하면 개선될 것이다. 먼저 비누로 수영모의 안쪽과 머리를 잘 세척한 다음, 비누로 세수를 깨끗이 하면 벗겨지는 걸 막을 수 있다. 특히, 세수할 때는 수영모가 닿는 이마 부분에 유분이 남아 있지 않아야 실리콘 수영모를 썼을 때 완벽하게 밀착된다.

## Q10. "아이가 '음~파~' 하면서 물에서 호흡하는 것이 힘들다고 해요."

아이가 수영 레슨을 받을 때 발차기와 함께 배우는 것이 바로 '호흡법'이다. '음~파~' 호흡은 폐에 있는 공기를 밖으로 내보내는 '날숨'과 공기가 폐로 들어오는 '들숨'의 조합이라 할 수 있다. 쉽게 말해, 코로 '음~흠~' 하며 들숨으로 머금었던 산소와 공기를 물속에서 코를 이용해 내뱉으며 기포를 만드는 것이 바로 '날숨'이라 할 수 있다. '들숨'은 자유형을 할 때 머리를 옆으로 돌려서 공기를 크게 들이마시는 것이다. '파~'보다는 공기를 깊게 들이마시는 '퍼~허~'에 더 가깝다. 평소에 해오던 호흡과 그 호흡 방법이 다르기 때문에 익숙해지기 전까지는 힘들게 느낄 수 있다. 아이가 '음~파~' 호흡이 잘되지 않는다면 집에서 세숫대야에 물을 받아놓고 연습하는 것도 도움이 된다.

처음에는 힘들겠지만 익숙해지면 거의 모든 아이들이 자연스럽게 해내기 때문에 너무 걱정하지 않아도 된다.

## Q11.    "우리 아이만
발차기 속도가 늦는 것 같아요."

발차기 속도는 처음 발차기를 시작할 때 힘이 나오는 원천이 어디인지 원리를 알면 쉽다. 발차기의 힘은 고관절 → 허벅지 → 무릎 → 발목 → 발끝 순으로 전달되는데, 만약 발차기 속도가 나지 않는다면 아이가 발차기를 어떻게 하고 있는지 확인해봐야 한다.

이럴 경우는 대체적으로 무릎을 많이 구부려 발차기하는 바람에 속도가 나지 않는 것이다. 수영에서 자유형 발차기는 다리를 쭉 펴고 고관절을 이용하여 허벅지의 폭을 넓혀서 발차기를 해야 올바른 발차기라 할 수 있다.

또한 발차기는 아이의 발목 스냅의 유연성도 매우 중요하며 속도와 연관성이 있다. 그러므로 발목의 유연성이 좋지 않다면 꾸준히 스트레칭을 하여 발목의 유연성을 향상시키도록 한다.

## Q12.

"아이의 실력이 향상되어
높은 수준의 반으로 올라갔는데
너무 힘들다고 해요."

 

이러한 경우는 승부욕이 강한 아이들에게 잘 나타난다. 모든 운동에는 자신만의 '페이스 pace'라는 것이 있으며, 그것은 아이들마다 다 다르기 때문에 그 능력치 또한 다르다.

낮은 레벨의 반에서 자신과 비슷한 실력 또는 자신보다 조금 실력이 낮은 아이들과 수영하다가 높은 반으로 상향 조정되면서 자신보다 약간 높은 실력의 아이들과 수영 레슨을 받게 되었을 때 처음에는 아무래도 운동량이나 체력 면에서 차이가 있기 때문에 힘들 수 있다. 그러나 높은 반으로 상향 조정되었다고 해서 담당 수영 강사가 갑작스럽게 아이의 운동량을 확 늘리는 게 아니라 자신의 능력치에서 약간씩 운동량을 조절하여 서서히 새로운 반에 적응시키도록 한다. 따라서 아이가 너무 힘들다고 말하는 것은 레벨이 맞지 않아서가 아니다.

그렇다면 아이는 왜 견디기 힘들다고 하는 걸까? 이유는 따로 있다. 승부욕이 강한 아이는 새롭게 자기보다 잘하는 아이들과 함께하면서 그 아이들을 이기기 위해 오버 페이스 over pace 를 하게 되는 경향이 크기 때문에 힘들어졌던 것이다.

## Q13.
**"아이가 배영만 하면
목덜미와 어깨가 아프다고 해요."**

물에 익숙하지 않은 아이가 처음 배영을 하게 되면 긴장이 되어 근육이 경직된다. 즉, 물속에 빠질 것 같다는 두려움 때문에 몸에 힘이 과도하게 들어가면서 목이나 어깨 주위에 통증을 야기하는 것이다.

따라서 아이가 배영을 할 때는 몸의 힘과 긴장을 풀도록 해야 하고, 편안한 마음으로 수면에 몸이 수평되게 하는 연습을 할 필요가 있다.

만일 그게 잘되지 않는다면 아이가 배영 영법에 익숙해질 때까지 몸의 부력을 도와주는 훈련 보조용품인 헬퍼를 착용하는 것도 좋은 방법이 될 수 있다.

## Q14. "어떻게 하면 아이가 수영을 잘할 수 있을까요?"

어떻게 생각하면 참 막연한 질문이기도 하지만, 많은 부모들이 꼭 물어보는 질문들 중 하나다.

솔직히 왕도는 없다. 수영을 잘하려면 인내심을 가지고 아이가 꾸준히 배울 수 있도록 해야 한다. 모든 운동이 마찬가지지만 하루이틀 만에 잘할 수 있는 것이 아니다. 기초부터 차근차근 하나씩 하나씩 제대로 배워 반복적인 연습을 통해서 내공이 쌓여야 한다. 아이가 수영을 배우다 말다를 반복하면 실력이 늘기 어렵다. 그러므로 한 번 수영을 시작했다면 시간이 조금 걸리더라도 아이를 믿고 기다려야 한다. 그리고 무엇보다 아이가 수영을 배우는 것 자체를 즐기도록 하는 것이 중요하다. 모든 운동이 그렇듯 수영을 배우다 보면 아이의 마음처럼 잘 안 될 때 못한다고 혼내는 것은 수영을 싫어하도록 만드는 지름길이다.

마지막으로, 아이가 수영을 잘하도록 하기 위해서는 무엇보다도 부모의 진심이 담긴 격려와 칭찬이 제일 큰 힘이 된다는 사실을 꼭 명심하자.

## 감사의 말

이 책을 끝내면서 지나간 나의 시간들이 머릿속에 떠올랐다. 『집에서 시작하는 소소한 창업』의 저자인 언니의 도움으로 이 책을 계획하게 되었고, 책을 쓰는 동안 언니의 진심 어린 조언과 채찍질이 때로는 서럽기도 했지만 약해질 때마다 힘과 용기를 주었다.

글쓰기를 모두 마친 후 출판사와 출간 계약을 하고 나서 나름대로 어려움이 많았다. 어린이들을 가르치면서 내가 느껴왔던 부분이나 각종 사례들을 많은 부모님들과 잘 나누고 싶은 마음은 컸지만, 글 쓰는 전문가가 아니다 보니 그것을 모두 글로 표현한다는 게 결코 쉽지 않았기 때문이다. 그래서 체계 없이 뒤죽박죽이었던 원고를 새롭게 제대로 모양을 갖춰 완성할 수 있도록 진심 어린 조언을 해주시고, 콘셉트 잡기부터 세심하게 하나하나 정성껏 알려주신 도서출판 지식공감의 김옥경 편집장님을 만난 것이 내게 너무 큰 행운이었던 것 같다. 그리고 무엇보다도 '과연 내가 책을 낼 수 있을까?' 반신반의하며 고민하고 있을 때 "할 수 있다"고 용기를 주신 지식공감의 김재홍 대표님께도 깊은 감사의 말씀을 드린다. 또한 이렇게 예쁜 책으로 나올 수 있게 디자인해주신 지식공감의 박상아 디자이너에게도 감사를 드린다.

이렇게 탈고 과정을 거치면서 어려움은 많았지만 힘들다는 생각은 하지 않았다. 나와 내가 사랑하는 독자들을 위한 것임을 알기 때문이었고, 완성도 있게 책을 만들기 위한 과정임을 알기에 오히려 이 시간들이 너무 행복했던 것 같다. 어떻게 책을 써야 하는지도 모른 채 무작정 덤벼들었던 내 무모함이 돈키호테 같지만 지금은 너무 뿌듯하다.

"할 수 있다"고 생각하면 정말 할 수 있고, "이루어진다"고 생각하면 정말 이루어지는 것 같다.

지금 내 삶에 많은 힘이 되어주고, 또 내가 사랑하는 수영을 가르치는 데 있어서 언제나 나를 믿고 맡겨주시는 많은 분들께 감사한 마음을 전한다.

사단법인 국민평생스포츠교육원 윤현중 이사장님
진주 키튼아일랜드 어린이집 강혜영 원장님
진주 키튼드림센터 강태욱 본부장님, 강병진 실장님
진주 메디프로 김정수 이사장님
사천 JCI junior chamber international 성정훈 회장님
진주 신세계수영장 김지영 과장님, 이승영 팀장님, 김건대 선생님
진주 다비치스포렉스 강민준 팀장님, 최인식 선생님, 곽수겸 선생님
진주 국민체육센터 진주 실내 수영장 김진곤 선생님
사천 와룡스포츠센터 7AM팀과 강혜란 선생님

그리고 공군 NBR-188기 나의 군대 동기들과 멀리서 항상 응원해주시는 유기동 선배님, 백창인 선뱀님, 박승상 선배님, 공군 블랙이글스

의 이경대 선배님, 내게 처음으로 많은 아이들과 함께할 수 있는 기회를 만들어준 Roby 송병찬, 멀리 서산에서 항상 나의 편이 되어주시는 김창환, 서영창, 권오돈, 심경임, 미녀이자 절친한 나의 친구들 김윤미, 신지현, 박기욱, 정미영, 김소정, 강기옥, 박아름, 나와 항상 동고동락하며 열심히 어린이들을 가르치고 있는 김수연 선생님, 탁은숙 선생님, 김형준 선생님, 이유리 선생님 외 키튼드림센터 모든 직장 동료들께도 감사드립니다.

마지막으로, 사랑하는 나의 가족들과 그 외 나를 응원해주시는 정말 많은 분들이 제 곁에 있어 주셔서 정말 감사하고 행복합니다.

언제나 아이들을 위해 최선을 다하고, 가르침에 있어 늘 겸손히 노력하며, 제게 베풀어준 큰 사랑을 나누는 삶을 살아가겠습니다.

사랑합니다.

# 참고문헌

마이클 펠프스, 『꿈으로 세상을 제패하다』, 이미지박스, 2009.

오쿠다 켄지, 『칭찬과 꾸중의 심리학』, 센츄리원, 2014.

켄 블랜차드, 『칭찬은 고래도 춤추게 한다』, 21세기북스, 2003.

김현경·최승욱, 『간단, 완벽 Swimming』, 성신여자대학교출판부, 2004.

다자와 도시아키, 『수영과 온천은 왜 뇌에 좋은가』, 문학사상, 2006.

김수연, 『아기발달백과』, 지식너머, 2014.


Noel Professor Cameron, 『Human Growth and Development』, Elsevier, 2012.

Mark Dube, 『Swimming for Babies』, Create space Independent Pub, 2014.

Robert M. Malina, Claude Bouchard, Oded Bar-Or, 『Growth, Maturation, and Physical Activity』, Human Kinetics, 2004.

# 어린이
# 수영 레슨

초판 1쇄  2016년 08월 19일

지은이  권이진
발행인  김재홍
편집장  김옥경
디자인  박상아, 이슬기
마케팅  이연실

발행처  도서출판 지식공감
등록번호  제396-2012-000018호
주소  경기도 고양시 일산동구 견달산로225번길 112
전화  02-3141-2700
팩스  02-322-3089
홈페이지  www.bookdaum.com

가격  15,000원
ISBN  979-11-5622-213-2  03690

CIP제어번호  CIP2016019290
이 도서의 국립중앙도서관 출판도서목록(CIP)은 서지정보유통지원시스템 홈페이지
(http://seoji.nl.go.kr)와 국가자료공동목록시스템(http://www.nl.go.kr/kolisnet)에서
이용하실 수 있습니다.